A. Trinius.

Durch's Saalthal.

Verlag Rockstuhl

Vierbändige Ausgabe der Flußwanderführer von August Trinius
Band 1 – **Durch's Saaletal** (Saalthal) **1890**   ISBN 978-3-86777-270-9
Band 2 – **Durch's Unstruttal 1892**   ISBN 978-3-86777-276-1
Band 3 – **Durch's Moseltal 1897**   ISBN 978-3-86777-271-6
Band 4 – **Durch's Werratal 1910**   ISBN 978-3-86777-269-3
≈ Neuauflagen im Verlag Rockstuhl ≈

Herausgeber: Harald Rockstuhl, Bad Langensalza

Umschlaggestaltung: Harald Rockstuhl, Bad Langensalza

Titelbild: Postkarte um 1910. Saalfeld - Saalepartie mit Schloss
Verlag G. Friedrich, Leipzig

Buchrückseitenbild: Grafik Harald Rockstuhl

Bisherige Auflagen:
1. Auflage – 1890
Minden in Westfalen. Bruns Verlag

1. Reprintauflage 2011
ISBN 978-3-86777-270-9

Repro und Satz: Verlag Rockstuhl, Bad Langensalza

Original im Besitz von Harald Rockstuhl, Bad Langensalza

Druck und Bindearbeit: Digital Print Group Oliver Schimek GmbH,
Nürnberg/Mittelfranken

Gedruckt auf alterungsbeständigem Papier nach ISO 9706

Die Deutsche Nationalbibliothek verzeichnet diese Publikation in der Deutschen Nationalbibliografie. Detaillierte bibliografische Daten sind im Internet über *http://dnb.d-nb.de* abrufbar.

Verlag Rockstuhl
Inhaber: Harald Rockstuhl
Lange Brüdergasse 12 in D-99947 Bad Langensalza
Telefon: 03603 / 81 22 46   Telefax: 03603 / 81 22 47
www.verlag-rockstuhl.de

Seiner Königlichen Hoheit

dem

Großherzoge von Sachsen-Weimar-Eisenach

Wilhelm Ernst

in tiefster Ehrfurcht gewidmet

von

dem Verfasser.

Inhalt.

		Seite.
I.	Von der Saalquelle bis Hof	1
II.	Von Hof bis Neuhammer	21
III.	Von Saaldorf bis Walsburg	41
IV.	Thalab bis Eichicht	63
V.	Seitlich in's Loquitzthal	73
VI.	Von Eichicht bis Saalfeld	93
VII.	Zwischen Saalfeld und Rudolstadt	117
VIII.	Von Rudolstadt bis zur Lobdaburg	171
IX.	Jena und Umgebung	193
X.	Zwischen Dornburg und Rudelsburg	227

I.
Von der Saalquelle bis Hof.

Unter den Flußthälern Mitteldeutschlands ist das Saalthal wohl unstreitig eines der schönsten und wechselreichsten. Landschaftsbilder ganz hervorragender Art drängen sich da oft aneinander. Ernst und heitere Anmuth, Einsamkeit und lebensfröhliches Gewimmel lösen sich ab. Burgen reihen sich an Burgen; stolze Herrensitze grüßen leuchtend nieder. Versunkene Klosterglocken läuten traumhaft herauf, und in Mondesnächten sieht man still Frau Sage die Hügel entlang schreiten. Sie horcht in die Hütten hinein und lauscht den vorübermurmelnden Wellen. Und dann sitzt sie an Ruinen nieder und blickt ernst in die duftschimmernde Nacht. Dröhnend schritt hier einst die Kriegsfurie dahin. Die Erde zitterte, die Berge schienen im Donner der Geschütze zu schwanken, wie schnittreife Garben unter der Sense Schwung sanken lange Reihen todtwunder Krieger nieder. Mit ehernen Würfeln ward über Preußens Geschick entschieden. Siegdurstig schwang sich der korsische Aar immer höher. Trübe und herrliche Erinnerungen sind mit dem Saalthal für immer verknüpft. Hier entfaltete sich Schillers inniges Liebes-

1*

leben; hier wandelte einstens Goethe. Wer mit sehendem Auge und sinnendem Gemüthe an diesem Flusse entlang zieht, den umquillt eine Fülle der Gesichte, und unvergeßliche Bilder werden sich ihm dauernd in die Seele prägen.

Durch das Saalthal wandern, bleibt noch immer ein Zug durch das Land der Romantik. In unendlichen, ungezählten Krümmungen, launisch und schier unberechenbar hat die Saale sich ein tief eingerissenes Bett eingegraben. Ueber breite Wehre stürzend, brausend über Geröll und Geschiebe schäumend jagend, durch hohe, felsumstarrte Pässe sich zwängend, jetzt weit ausholend, innehaltend, sich duckend, zurückziehend, schnellt sie dann wieder in ausgelassener Lust vorwärts, breit, rauschend, in ihren klaren Fluthen das Spiel der Fische im Sonnenlichte offenbarend. Mißhandelt von den Menschen, beschmutzt, eingezwängt in Joch und Frohne, reißt sie sich immer wieder los, sich abklärend, verstärkt durch neue Bäche, und wandelt sich wieder in den schmucken Fluß, in welchem Städte und Dörfer, Ruinen und Fürstensitze, Klöster wie Kapellen sich beschauen, von dem einst Franz Kugler so begeistert sang:

"An der Saale hellem Strande
Stehen Burgen stolz und kühn;
Ihre Dächer sind zerfallen,
Und der Wind streicht durch die Hallen,
Wolken ziehen drüber hin."

Der Charakter des Saalthales ist in seinem oberen Theile völlig verschieden von dem unteren Theile. Unterhalb Hof bis ungefähr Saalfeld zwängen steile

Schieferfelsen den Fluß ein. Seine Wände sind bis oben hin zum Theil mit üppigen und prächtigen Waldungen bedeckt, soweit die Cellulosefabriken, diese unbarmherzigen Verwüster jeder Landschaft, solche nicht niedergelegt haben. Da oben kann man oft stundenlang in tiefster Einsamkeit wandern. Niemand begegnet uns. Keine Hütte, kein Schornstein. Nirgends das Anschlagen eines Hundes, das Gackern eines Huhns. Dann und wann lugt eine Mühle herauf. Durch das Gezweig der Wipfel unter uns schimmert ein weißer Giebel. Das Klappern der Räder dringt durch die Stille. Dann ist Alles wieder versunken, entflohen. Es kam und ging wie ein Traumbildniß. In diesen Einöden füllt der Fluß oft den ganzen Thalgrund aus, oder moorig-feuchte Wiesenstreifen begleiten ihn streckenweise. Kein Pfad führt da unten hin. Wer dann treulich dem Schlängellaufe folgen will, der muß auf und nieder die schroffen Bergwände klettern und braucht zum nächsten Ziele oft mehr denn die gedoppelte Stundenzahl, als wer den bequemen Landweg jenseits der Höhenwand inne hält.

Sobald die Saale in den breiten Thalkessel tritt, in dem das so anziehende Städtchen Saalfeld sich hingelagert hat, die Schwarza, kurz vorher noch durch die Rinne verstärkt, aus einem weit sich öffnenden Seitenthale herangerauscht kommt, verändert sich mit einem Schlage der Charakter der Landschaft. Der Kalkfelsen, kahl und leuchtend, tritt in seine Rechte. Weit treten die Uferlehnen zurück, Waldesdämmer und Idyll hören auf. Voll und oft unbarmherzig strahlt da die Sonne auf Fluß und Thal nieder, auf die nackten, mit Ruinen gekrönten, breitgebuckelten Höhen, die nur hier und da Buschholz oder ein Stück Hochwald aufweisen. Hier ist nur gut wandern im Frühling oder Herbst, wenn die Trauben in den Weinbergen unter der Sonne Kuß der letzten Reife entgegenglühen. Dann bechert es sich auch gut unter Rebenlauben, im Schatten der Ruinen, während der Strom seine Grüße emporsendet.

Der Saalwein ist ja eine Eigenart dieses Thales. Darf er auch nicht auf Charakter Anspruch erheben — ist seine Blume auch nur bescheiden — besser als sein Ruf ist er noch immer gewesen, und in Jahren schlechter Ernte gesellt er sich zu den Schaaren namenloser Hülfstruppen, die nach Westen marschiren, um dort einen Verwandlungsprozeß durchzumachen.

Lieblos ist dem Saalwein ja recht oft mitgespielt worden. Das wird Niemand läugnen. Schon der „Wandsbecker Bote", der sonst so schlichte und anspruchslose Matthias Claudius, sang einmal, den Rheinwein preisend:

„Thüringens Berge zum Exempel bringen
Gewächs, sieht aus wie Wein,
Ist's aber nicht; man kann dabei nicht singen.
Dabei nicht fröhlich sein."

Wir wollen's dem alten Herrn heute nicht mehr nachrechnen, in welch starkem Irrthum er sich da verfing. Auch zwischen Jena und Naumburg läßt's sich vergnüglich lachen, singen und träumen, bechern und schwärmen. — — —

Die Saale — im Gegensatz zu der in den Main

strömenden fränkischen auch die thüringische Saale genannt — entspringt in einer Höhe von 705 m im Fichtelgebirge am Hange des Großen Waldsteins und mündet nach einem Laufe von 304 km bei Saalhorn unweit Barby lingsufrig in die Elbe. Sieht man von den unzähligen kleinen Schleifen und Bogen, sowie einer einmaligen größeren Schwenkung nach Westen ab, so hält sie in der Hauptsache den Lauf nach Norden fest. Eine Fülle ziemlich starker Flüsse und Bäche gesellen sich zu ihr und führen der Saale immer wieder reinigendes Wasser zu. Zwischen Quelle und Mündung durcheilt und berührt sie neun politische Staatengebiete: Bayern, Reuß ältere und jüngere Linie, Schwarzburg-Rudolstadt, Sachsen-Meiningen, Sachsen-Altenburg, Sachsen-Weimar, Anhalt und Preußen.

Die Anhänglichkeit und Liebe zu dem schönen Flusse bekundet sich in einem Reichthum von Namen, die alle an die Saale anknüpfen. So: Saalenstein (Ruine), Saalbach (Dorf), Saalhof, Saalgrün, Saaldorf, Saalwald, Saalburg, Saalthal (Dorf), Saalfeld, Saaleck, Saalhäuser, Saalhorn.

Am nördlichen Bergzuge des Fichtelgebirges, gebildet aus dem Waldstein, Epprechtstein und Kornberg, entquillt die Saale dem moosigen Felsgeklüft. Noch vor einigen Jahrzehnten war das erst jetzt erschlossene Fichtelgebirge denen „da draußen" ein völlig unbekanntes Gebiet. Dieses „heilige" Gebirge, selbst von den Umwohnern scheu gemieden und gefürchtet, kannte man nur als den Sitz spukhafter Gestalten. In der hoch und dicht verstrüppten Waldwildniß, den gigantischen und grotesken Felsklüften hauste noch zuweilen der Wolf, von denen der letzte 1882 erschossen ward, seitdem aber noch manche gesehen worden sind. Raubzeug aller Art trieb dort sein Unwesen, und auf den Mooren und feuchten Wiesen lockten nächtlich Irrwische und Irrlichter. Zauberhafte Erscheinungen, aus Nebel und Sumpfgasen geboren, äfften den Wanderer und benahmen ihm den freien Vollgenuß an der prächtigen, wilden Schönheit der Natur. Der Pfade aber, die durch diese Felslabyrinthe, diese Urwälder aufstrotzender und gestürzter Tannen, durch halbmannshohes Beerenkraut zu Aussichtszielen leiteten, gab es nur wenige, und diese waren nur dem Jäger bekannt. Auch heute ist ja noch kein Ueberfluß zu verzeichnen.

So blieb der Charakter des Düsteren, Ernsten und Geheimnißvollen dem Fichtelgebirge, von dem die Quellen zur Elbe, zum Rhein und zur Donau eilen. Sinnbild des Fichtelgebirges, wie es gar oft auf alten, bunten Glaspokalen abgebildet zu schauen ist, war durch Jahrhunderte ein Berg, umschlossen von einer goldenen Kette, die durch ein starkes Schloß versperrt war. Das sollte auf den Reichthum des Edelmetalles hindeuten, aber auch auf das Gold der Sage, das noch heute innerhalb dieses Gebirges nicht ganz verschüttet ist. Schauer der Vorzeit umwehen uns hier überall, auf Schritt und Tritt spricht es aus Namen, Sagen, aus uralt seltsamen Steingebilden, von germanischem Götterkultus zu uns. Opferaltäre, heilige Kreise, geweihte Felsen, Quellen und Bäume grüßen uns auf dieser Wanderung. Auch über der Quelle der Saale rauschte einstens eine heilige Buche.

Besonders der Waldstein, heute ein Lieblingsziel aller Fichtelbergfahrer, umfaßt Alles, was wir unter der Poesie dieses Gebirges begreifen. Er besitzt seine Burgruine, seine germanische Kultstätte, einen Bärenfang, gewaltige Granitgebilde, und dies Alles umrauscht von köstlichstem Hochwalde inmitten tiefer Einsamkeit. Sagen und Mären tönen hier noch, und wer da oben einmal saß, wenn ein Zug buntgekleideter Wallfahrer von Bayern hinüber nach Böhmen zog, Responsorien durch den Wald klangen, dazwischen das helle Lachen übermüthiger Büßerinnen, wie dann Alles wieder zwischen dem Gewirre von Felsen, Wald und Burgmauern verschwand und verhallte — dem wird der Waldstein in seiner merkwürdigen Poesie unvergessen bleiben.

Es ist ein träumerischer Ort, an dem die jungfräuliche Saale das Licht der Welt begrüßt! Von einem Waldplatze aus, auf dem Tische und Bänke sich um einen auf Granitsäulen ruhenden Schirm gruppiren, leitet eine ganz enge, moosbefranzte Gasse zur Quelle, deren Wasser, stark strömend, überbrückt unter der Felsengasse hingeleitet worden ist. Die Granitwand, aus der die Saale hervorquillt, ist mit einer Syenittafel geschmückt, die in goldenen Buchstaben nachstehende Inschrift zeigt:

Quelle der Saale,
gefaßt
von den Städten
Münchberg, Schwarzen-
bach, Hof, Halle,
Weißenfels. 1869.

Die Namen dieser Städte sollen den Lauf des Flusses bezeichnen, obgleich Münchberg nicht von der Saale berührt wird, Halle aber sich vor Weißenfels etwas vorlaut vorgedrängt hat. Nun geht es durch Wald abwärts, durch Farrenwedel und kriechendes Beerengesträuch. Die Sonne sendet goldene Blitze durch das Gezweig der Buchen, röthet die Fichtenstämme und übersäet mit funkelndem Diamantenstaub die zarten Gespinnste, die morgenfeucht zwischen den Büschen am Wege schweben.

Dann entläßt uns der Wald. Unterholz und Tannicht drängen sich heran, und zwischen lichten, weichen Nadelholzspitzen streifen wir hin. Ein Pirol lockt in der Ferne; immer kraftvoller, wachsend mit jedem Sprunge, rauscht die junge Saale neben uns her, bis sie endlich das offene Land vor uns jauchzend betritt. Der heimathliche Wald weht ihr ein letztes Grüßen zu. An duftendem Thymian und leuchtendem Ginster hin nimmt sie jetzt ihren Weg. Heckenrosen streuen ihre Blüthen darüber, und im Holderbusche schmettert der Fink auf.

Ein weites Bild rollt sich vor uns auf. Hügelwellen und Einzelkuppen, Waldinseln, Wiesen und Ackerfluren mischen sich durcheinander. Echt oberfränkische Landschaft! Helle Siedelungen glänzen darinnen, an Hängen sich emporziehend, in grüne Thälchen eingebettet. Weiße Gotteshäuser steigen auf, Städte, Schlösser und Klöster grüßen, während in der Ferne blaue Höhenzüge mehr und mehr in den Horizont hinein verdämmern. Um uns her aber blinken stille Weiher und buschumkränzte Lachen und Sümpfe, dem Wanderer ein Schrecken, wenn er in Nebel und Zwielicht hier entlang schreitet.

In dem Dorfe Zell grüßt die Saale den ersten Ort. Es ist ein stattliches Dorf mit festgefügten Steinhäusern, dessen Hauptstraße steil an der Kirche vorüber hinab zum Ausgange des Ortes führt. Da liegt die erste Mühle, in deren Räder die Saale eingreift. Ein Stück unterhalb Zell thürmt sich der beackerte Haidberg auf. Er ist deshalb nicht ohne Interesse, weil Alexander von Humboldt in seinem „Kosmos" von ihm berichtet, daß hier in der Tiefe sich bedeutende Lager von Magneteisen befinden müßten, da die Magnetnadel stets abgewichen sei.

Vom Haidberg führt die Straße nach dem alten Städtchen Münchberg, das zwar an der Pulschnitz liegt, sich aber gern mit zu den Städten an der Saale rechnet, zumal diese nicht allzu weit davon vorüberfließt. Das freundliche, von einem gothischen Gotteshause überragte Städtchen bietet im Uebrigen nichts Besonderes. Bemerkenswerth aber bleibt, daß es der Geburtsort der Gebrüder Lindner gewesen ist, deren einer als der älteste Schriftsetzer bekannt geworden, der andere aber als Meißener Chronist sich als „Pirnäischer Mönch" einen Namen in der deutschen Geschichtsschreibung gemacht hat.

Die eigentliche poetische Saalwanderung beginnt erst unterhalb Hof. Bis dahin ist es eine einfache Landschaft, durch die der Fluß seinen Weg sich gebahnt hat. Einstmals war auch hier das Wandern nicht ohne Reiz und Anregung. Doch die wachsende Industrie hat mehr und mehr das Bild entstellt, getrübt, streckenweise, wie bei Hof, der Landschaft sogar einen recht prosaischen Charakter aufgeprägt. Die Wälder sind niedergelegt worden, und statt dessen heben Hunderte von qualmenden Schloten sich in die Höhe, dichte, schweelende Rauchsäulen über das Thal niederdrückend. In allen Farben schillert die junge Saale, die man alle paar hundert Schritte immer wieder abfängt, anstaut, ableitet, um sie dann wieder zu entlassen.

Zwischen Münchberg und Hof liegen an der Saale noch zwei größere Ortschaften: das kleine, 1844 zur Stadt erhobene Schwarzenbach und der Flecken Ober-Kotzau. In beiden Orten pulst eine rege Industrie. Der interessantere von ihnen ist Ober-Kotzau, in dem sich ein Schloß der Freiherren von Kotzau erhebt und das ein evangelisches Gotteshaus besitzt, dessen ehrwürdigen Schmuck eine Fülle sehr alter und guter Denkmäler ausmacht.

Von hier aus erreicht man bald durch das fabrikbelebte Saalthal die Stadt Hof. Die bayrische Kreisstadt Hof (ca. 33000 Einwohner zählend) bietet in ihrer natürlichen Lage sehr viel Anmuth. Sie breitet sich zu beiden Seiten der Saale in einem Thalkessel aus, der immer noch eine ungefähre Höhe von 500 Metern über dem Wasserspiegel aufweist. Erblickt man Hof von einer die Stadt umgebenden Bergkuppen, so kann man sich des Bildes nur freuen. Ein Kranz von Höhen drängt sich heran, wechselweise mit Wald und Ackerland bedeckt. Darüber hin fliegt der Blick weit hinaus in die Runde und Ferne, über ungezählte Ortschaften, zu den blauen Bergen des Fichtelgebirges, dem dunklen Frankenwalde und über das heitere, kuppenreiche Gelände des Vogtlandes.

Aber die Industrie hat der nächsten Umgebung Hof's doch übel mitgespielt. Und rastlos und immer weiter strecken sich ihre Fangarme aus, Kaserne neben Kaserne, Schlot neben Schlot setzend, dichte, graue Schleier über die alte Stadt breitend. Berußt, unfreundlich sehen die Häuserfronten und Gassen der Stadt aus. Wer aus den Bergen kommt, dem fällt es hier bald bedrückend auf die Brust, und er sehnt sich hinauf auf die nachbarlichen Höhen. Und doch besitzt Hof eine Höhenlage, die es fast zu einer Bergstadt stempelt! Es mag stolz auf seine blühende Industrie sein. Aber Schönheit und Annehmlichkeit brachte es dafür als Opfer dar. Nur Sonntags, wenn die Feueressen einmal ruhen, tritt die alte Stadt mit ihren Thürmen und Kuppeln, den auf- und niedersteigenden Häuserzeilen in ihrer Traulichkeit dem Herzen näher. Denn der Kern der Stadt ist zumeist der alte geblieben.

Auch wer es nicht weiß, daß Hof einst unter dem Hohenzollernadler stand, fühlt bald durch, daß hier frischer protestantischer Geist weht. Sonst ist ja alles echt bayrisch. Der weiche, melodische Tonfall des Thüringers, der breite, unterthänige des echten Sachsen hat gröberen, derberen Lauten Platz gemacht. Der Bayer ist aus Kernholz geschnitzt. Auch die Liebe für das Bier ist in Hof echt bajuwarisch. Es ist Studium, Wissenschaft, wohl auch manchmal Leidenschaft. Beamte, Bürger und wem es sonst die Zeit erlaubt, der schreitet bereits Vormittags über den Grünmarkt und wählt mit Sachkenntniß einen weißen, runden Rettig sich aus, um dann in irgend einem Bierhause zu verschwinden.

In der engen Stube, auf dem Hausflur sitzt man danieder, schneidet Scheibe auf Scheibe ab, salzt und genießt sie darauf in Gemeinschaft mit dem fürtrefflichen Gerstensafte. Auch giebt es in der guten Stadt Hof kein Irren, wo frisch Bier angezapft worden ist. Von den Dächern hängen da an Stricken riesige Holzkegel nieder, eine charakteristische Eigenthümlichkeit dieser Stadt, die auch in den Dörfern weit im Umkreise Nachahmung gefunden hat.

Hof's früheste Anfänge reichen sehr weit zurück und mehr als ein Jahrtausend ist verflossen, seit hier die erste Niederlassung entstand. Von Osten her war in breiten Wogen das Volk der Slawen (Wenden) herangefluthet, eher, denn germanische Stämme festen Fuß gefaßt hatten. Die Slawen hatten hier herum die Thüringer verdrängt, denen sie durch ausgebildeten Ackerbau und vor Allem durch die Kunst, Erze zu suchen, weit überlegen waren. Daß es Slawen waren, die zuerst hier feste Wohnsitze gründeten, geht aus den ältesten Bezeichnungen der Orte und Landstrecken hervor. So hieß das Land um Hof herum Receinz (Regnitzland). Die Saale war dem klugen und geschickten Wandervolke kein Hinderniß mehr gewesen. Weit darüber hinaus besiedelten sie das heutige Oberfranken. Da erhob sich Karl der Große, überzog sie siegreich mit Krieg und verfolgte sie tief bis nach Osten hinein. Dies geschah im Jahre 806. Er setzte die Markgrafenordnung ein, seinem fränkischen Reiche Macht und Ansehen zu geben und ließ an der Saale eine Reihe fester Häuser entstehen, so auch den Markgrafensitz Regnitzhof, aus dem sich später die Industriestadt Hof entwickelte.

Die Wenden waren und blieben unterworfen, frohnten und zinsten und beugten sich sogar der Verordnung des „Markgrafenscheffels". Im Laufe der Zeiten mischte sich dann wendische und fränkische Bevölkerung. Der Regnitzhof, den man auf dem Klausenberge über der Saale erbaut hatte, erwies sich als ein starker Schutzwächter. Zu seinen Füßen entwickelte sich ein kräftiges Gemeindewesen, unterstützt und gehoben von den Machthabern, da ringsum alles Königs- oder Reichsland war.

Statt der Markgrafen finden wir später Vögte (daher auch der Name Vogtland!), die ihre Reichswürde als erblich annahmen. 1260 besagt eine Urkunde, daß sie „Hove" als Vogtssitz auserwählt hatten. Als die Burggrafen von Nürnberg ihr Recht 1323 als Oberlehnsherren geltend machten, war den Vögten der Reiz an ihrer bisherigen Herrschaft verloren gegangen. Im Jahre 1373 kam durch Verkauf Hof und das gesammte Regnitzland an Burggraf Friedrich von Nürnberg, den späteren Markgrafen von Brandenburg, aus dessen Nachkommen nach Jahrhunderten noch einmal Brandenburger über das Regnitzland herrschen sollten. An politischen Wechselfällen hat es der bürgertüchtigen Stadt nicht gefehlt. Lange zählte sie zu dem Fürstenthum „Nürnberg ob dem Gebirg" oder Brandenburg-Kulmbach. Als die markgräfliche Linie erlosch, fiel sie 1792 an die Krone Preußens. 1806 ward sie Frankreich einverleibt, vier Jahre später gab man sie an Bayern. Gut bayrisch ist sie denn auch seitdem geworden.

Hussiten, Pest, Kriege, Hungersnöthe und Feuersbrünste haben Hof gar manchmal arg heimgesucht und an seinem Wohlstand und seiner Bevölkerungszahl gerüttelt. So wurden während des fürchterlichen „Landsterb" 1482 an einem einzigen Tage 32 Wagen vollgepackt mit Leichen zum Thore hinausgeschafft. Damals besaß Hof bereits den Ruf eines bedeutenden Handelsplatzes, der sehr günstig an der großen Hauptstraße zwischen der Levante und dem Norden Deutschlands gelegen war. Seit den Kreuzzügen hatte sich die Stadt auf's Vortheilhafteste entwickelt. Ein alter, zuverlässiger Chronist, Enoch Widmann, berichtet darüber vom Jahre 1432: „Damalß waren nicht ober 40 Tuchmacher allhie, auch nicht mehr denn 3 Schleierwürckern, welche von Culmbach hierher kammen vnd das Schleierwürcken bei vns angefangen haben, vngeachtet, daß hernach die Tuchmacher sich sehr gemehret, also daß 1533 und ander Jhar bei 200 Tuchmacher in vnser Stad gefunden worden, vnd das Schleiermachen so hoch gestiegen ist, daß es itziger Zeit neben dem Bierbrewen der fürnemste Handel ist, vnd viel hundert Personen durch das Spinnen vnd Würcken, Kauffen vnd verkauffen der Schleier sich nehren." Unter Schleier hat man hier Halstücher zu verstehen. Jedenfalls wurde der Keim zu der heute in Hof so blühenden Textilindustrie bereits im Mittelalter gelegt.

Der albertinische Krieg, der im Jahre 1553 um die Mauern Hof's tobte, brachte der Stadt viel Kümmerniß und stellte den Muth ihrer Bürger auf eine harte, aber glänzende Probe. Sieben Wochen war die Stadt fest eingeschlossen, und fast jeder Tag brachte Kämpfe. Drinnen befehligte der Obrist Christoph

v. Zedelitz. Draußen aber lagen die Heere der Bischöfe von Bamberg und Würzburg, der Nürnberger und Heinrichs V. Reuß von Plauen. Doch die Tuchknappenzunft wehrte sich wie die Löwen und „trotzten die vollste Anerkennung ihres Muthes" dem feindlichen Reußen ab. Erst als der Hunger als ein innerer Feind durch die Gassen von Hof schlich, entschloß sich die Stadt zu einer ehrenvollen Uebergabe. Sie hatte 100 ihrer besten Bürger bei dieser Vertheidigung eingebüßt; der Reuße hatte dagegen nach seiner eigenen derben Aeußerung „1500 Todte vor diesem Saustall gelassen".

Trotz der schweren Schäden, die der 30jährige Krieg der Stadt zufügte — so wurde sie in einem Jahre dreißig Mal geplündert —, erholte sie sich immer wieder. Mitte des 18. Jahrhunderts befindet sie sich auf der Höhe. Der Landeshauptmann Philipp Ludwig v. Weitershausen berichtet 1787 darüber: „Florwürkerey ist gefallen, und kann kaum mehr auf 30000 Stücke, das Stück zu 20 Ellen berechnet werden, es ist aber nichts dabey verloren gegangen, da an deren Statt die sogenannte Tüchleins-Weberey eingetreten, die, nebst der Cattun- und Mouselin-Weberey, einen beträchtlichen Nahrungszweig ausmachet, indeme über 45000 Dutzend Tüchlein, über 2000 Stück Cattun und gegen 8000 Stück Zize und Mouselin verfertigt werden; des starken Baumwollengarnhandels gar nicht zu gedenken." Nach einer weiteren Angabe beschäftigte bereits damals die Hofer Industrie in und um Hof mehr denn 10000 Menschen. Dazu kam noch eine ganz beträchtliche Bierbrauerei. War doch bereits 1495 das hiesige Bier so fürtrefflich, daß selbst die Hofhaltung des Markgrafen Friedrich in Kulmbach von Hof sich den Gerstensaft kommen ließ, und nur ab und zu mal aus Einbeck ein Fäßlein verschrieben ward. Die Zeiten haben sich freilich auch darin sehr merklich geändert. Trotz allen wirthschaftlichen Niederganges, den Hof erfahren sollte, trotz des fürchterlichen Brandes am 4. September 1823, der fast die ganze Stadt in Asche und Trümmer legte, hat sich Hof, getreu seiner Ueberlieferung, zu einer ganz bedeutenden Industriestadt aufgeschwungen. Kulmbach aber braut sein Bier heute selbst.

Hof muß einst mit seinem stark befestigten Schlosse, seinem dreifachen Mauergürtel und der Fülle von Vertheidigungsthürmen einen ebenso stattlichen wie malerischen Anblick geboten haben. Schloß und Thürme sind seitdem gefallen, und nur noch wenige graue Mauerreste erzählen von alter Zeit. An Sehenswürdigkeiten ist die Stadt arm. Nur die wiederhergestellten Kirchen St. Michael und St. Lorenz lohnen eines Besuches, so schlicht auch ihr Aeußeres anmuthet. Ein Stück Alt-Hof finden wir noch in dem Gebäudeviertel, das einst dem Franziskanerkloster gehörte. Aber die gottsuchende Weltabgeschiedenheit ist aus ihm geflohen. Am schlimmsten erging es der ehrwürdigen Klosterkirche. Die eine Hälfte wurde zu einer Reitbahn eingerichtet, der östliche Theil wandelte sich in ein — Sommertheater um. Armer Franziskus!

So herrlich Hof's weitere Umgebung auch ist: Saalthal, Fichtelgebirge, Frankenwald und Vogtland, das, was sich in nächster Nähe anschmiegt, ist arm an

Wald. Das Beste, was sich hier einst erhob, hat die Industrie schonungslos niedergelegt. Nun ist die Kunst bestrebt, wieder gut zu machen, was Unverstand und Gewinnsucht vernichteten. Mit großer Energie und trefflichem Geschmack hat seit Jahrzehnten der Stadtbaurath Thomas daran gearbeitet, der qualmumnebelten Stadt zwei neue Lungenflügel zu schaffen. Was er in den Anlagen am Theresienstein und auf dem schroff ansteigenden, 569 Meter hohen Labyrinth aus Nichts erstehen ließ, ist das schönste Denkmal, das sich der still und rastlos wirkende Mann noch bei späteren Geschlechtern Hof's gesetzt hat.

Waldwipfel rauschen heute über dem, der da die Irrwege an Felsgruppen, Bächen, Aussichtspunkten vorüber zur Kuppe des Labyrinthberges hinansteigt. Droben steht eine künstliche Ruine. Von ihrem Thurm aus erschließt sich ein weites und schönes Bild über Oberfranken und Vogtland, nach Thüringen und zu den ernsten Waldbergen des Fichtelgebirges. Und Hof selbst zeigt sich so lieblich und malerisch eingebettet zwischen den Saalhöhen, daß man sich gern an einem stillen Sonn- und Sommertage in jene Zeit zurückträumt, wo noch kein Wald geschwärzter Schlote und Essen blaugraue Wolkenschleier um die arme Stadt webte.

Der letzte Tag, den ich diesmal in Hof verlebte, klang freundlich ein und aus. Sonnengeflimmer und schmetternde Musik weckten mich. Hof's Turnvereine feierten einmal wieder. Bunte Fahnen flatterten lustig, und ebenso buntes Leben fluthete unter mir auf dem Platze zwischen der Turnhalle und dem Gymnasium,

in deſſen gaſtlicher Rektorswohnung ich abgeſtiegen
war. Verein auf Verein marſchirte heran. Selbſt
aus dem ſächſiſchen Vogtlande drüben war ein
Turnerinnen-Verein herübergekommen, ſchmucke Fabrik-
mädchen, alle einheitlich in blau gekleidet, kurzröckig,
Blouſe, Gürtel und gleicher Kopfbedeckung. Bei ſolchen
Feſten wird's Einem klar, daß zwar die Volkstrachten
abſterben, aber die Farbenfreudigkeit und das poetiſche
Empfinden des Volkes immer wieder auf ſein Recht
beſteht. Der Sport in ſeiner Geſammtheit hat ja ebenfalls bereits in die Einförmigkeit moderner Tracht
tapfer Breſche gelegt.

Am Nachmittag — es herrſchte glühende Hitze —
gab der Verſchönerungsverein von Hof ſeinen Bürgern
ein Volksfeſt auf dem Labyrinth. Was die Stadt an
geſunden Beinen beſaß, das pilgerte denn auch hinauf.
Es ging ſehr heiter auf den Wieſen, Wegen, im
Waldesdämmer und im Schuhe der Ruine her. Eine
Muſikkapelle lärmte unter den Bäumen, graue Stein-
krüge mit ſchäumendem Bier ſchwirrten hin und her,
und der Duft der Roſtwürſte zog lieblich durch die
warme Luft. Ganz Hof war droben verſammelt, und
wenn es auch der Mund nicht ausſprach: aus Aller
Augen leuchtete dem Schöpfer dieſes Waldes Freude
entgegen, der ſchönſte Ausdruck echt empfundener
Dankbarkeit. — — —

II.

Von Hof bis Neuhammer.

Montag in aller Frühe hielt ich Ausreise aus Hof. Die Spatzen dieses Stadttheils hielten gerade Appell auf dem Platze vor dem Gymnasium ab. Parole und Feldgeschrei wurden ausgegeben, dann stob der naseweise Haufen wieder nach allen Windrichtungen auseinander, zwischen den Steinhäusern verschwindend, um deren von bunten Balsaminen verzierten Fenstern die goldenen Morgensonnenstrahlen spielend blitzten. Mit Joppe, Rucksack und Knotenstock empfing mich unten ein Wanderkamerad, der für die nächsten Tage sich mir eingeschworen hatte. Noch einmal flogen die Hüte in die Luft, droben Tücherschwenken — dann schritten wir um die Ecke, hinab zur Saale.

Es währt noch ein gut Stück, ehe man in die eigentliche Romantik des Saalthales hineintaucht. Fabriken und wieder Fabriken, dazwischen kreuzt man staubige Landstraßen und Feldwege, an deren Rain verkümmertes Blumenvolk sich traurig nach frischem Lufthauch umzuschauen scheint. Erquickung bietet auf diesem Gange nur die schattige und schöne Anlage am Theresienstein, von deren Aussichtspunkten sich ein ganz anmuthiges Bild von Hof und dem am Horizonte blauenden Fichtelgebirge erschließt.

Der erste Ort, den man saalab von Hof erreicht, ist Unter-Kotzau. Dieses Dorf zieht sich dicht am Saalufer hin und macht mit seinen weißen Steinhäusern, den buntblühenden Balsaminen in den Fenstern noch einen echt fränkischen Eindruck. In einer Höhe von fast 26 m schwingt sich hier auf acht Spitzbögen eine steinerne Eisenbahnbrücke über den Fluß, ein ebenso stattliches als malerisches Bild. Dazu die im Wasser patschenden Kinder und Kühe, flatternde Wäsche, das stilldörfliche Treiben, Kommen und Gehen!

Größeren, geschlossenen Dörfern begegnet man überhaupt im oberen Saalthal nur wenigen. Zumeist sind es nur Weiler, ein Kranz von Hütten um ein Schlößchen oder einen ländlichen Herrensitz geschaart. Einzelgehöfte, Mühlen liegen dazwischen am Ufer und landeinwärts ausgestreut. Das giebt dieser fortwährend auf- und niedersteigenden fränkischen Landschaft in Gemeinschaft mit den Waldinseln, Wiesen und wallenden Kornfeldern ein ganz eigenartiges, anmuthiges Gepräge. Die Saale selbst durchbricht ein Thonschiefergebiet und zeigt in ihren Uferbildungen daher oft sehr malerische und phantastische Felsbildungen. Es ist große Strecken entlang nicht möglich, am Ufer hin ihrem Laufe zu folgen. Hart tritt sie an das steil auftrotzende Ufer, da und dort begleiten auch Sumpfstreifen ihren Schlängellauf. Dann klettert man droben an den Hängen hin, durch Busch und Dorn, summenden Wald

und über lachende Matten und blickt mit immer neuer
Freude auf die schönen Thalbilder nieder.

Auch in Unter-Kotzau bot die Saale selbst noch
kein erfreuliches Bild. Sie zeigte sich noch trüb, und
längs der Ufer trieben todte Fische einher. Es geht
aber bald wieder empor, Wald und Acker wechseln,
und die Saale, zur Rechten in der Tiefe bleibend,
spielt eine Weile Versteck. Blickt man von diesen
Hügelwellen rückwärts, so grüßt uns nach geraumer
Zeit, während Hof bereits verschwunden ist, der spitz-
keglige Labyrinthberg. Noch tiefer am Horizont erscheinen, leis umschleiert, Waldstein und Kornberg des
Fichtelgebirges.

Wenn man die kleinen Siedelungen Weiler und
Brunnenthal durchschritten hat, gelangt man zu einem
von der Göstra durchplätscherten Thälchen, in dem sich
eine Papiermühle festgenistet hat. An der Ausmündung
dieses Bächleins in die Saale fesseln schöne Felsufer-
bildungen das Auge. Wer da scharf auslugt, der
findet noch einen Doppelgraben und kümmerliche, um-
strüppte Mauerreste. Das ist die Stelle, wo sich einst
Burg Saalenstein erhob. Die Geschichte weiß nichts
Besonderes von ihr zu berichten. Dafür ist die Sage
nicht unthätig gewesen und hat die verfallene Stätte
mit ihrer Poesie ausgeschmückt. Saalenstein ist aber
auch deshalb bemerkenswerth, weil sie Musäus in eines
seiner Volksmärchen mit hinein verwoben hat. In
dem Märchen „Ulrich mit dem Bühel" hebt die Hand-
lung mit dem Raubritter Egger Genebald an, der von
seinen drei festen Sitzen aus, Klausenburg, Gottendorf

und Saalenstein, wie ein Falke auf vorüberziehende Handelszüge niederstieß und weidlich das Faust- und Kolbenrecht übte. Da zogen seine ritterlichen Gegner aus, theilten sich in drei Kriegshaufen und brachen an ein und demselben Tage alle drei Schlösser des übermüthigen Genebald, der in dem Kampfgetümmel umkam. Klausenburg war das Schloß, das einst über Hof thronte, Gottendorf (heute Gattendorf geheißen) erhebt sich noch östlich von Hof, Saalenstein, die Burg am Wasser, verfiel im Sturm der Zeiten.

Ein Stückchen flußab am anderen Ufer birgt sich in einer reizenden Thalecke die Fattigmühle. Sie bildet für die Hofer ein beliebtes Ausflugsziel, wohin sie gern über die bewaldeten Höhen wallfahren, um des schönen Thalbildes sich zu erfreuen. Wir blieben auf dem linken Ufer. Die Saale zeigte jetzt bereits ein helleres Antlitz und wogte klar über Kiesel und Steingeröll zum Ufer, das von Vergißmeinnicht wie überschüttet erschien.

Im Dorfe Joditz, durch Jean Paul's Jugenderinnerungen weiter bekannt geworden, war just die Schule aus. Barfüßig, die Mädchen in den losen fränkischen Kattunjacken, trippelte man mit Fibel und Schiefertafel hinaus in die verschiedenen Weiler und Gehöfte. Ein kleiner Trupp nahm mit uns dieselbe Richtung bergan nach Lamitz. Es mögen hier oben wohl nur selten einmal Wandersleute auftauchen. Die Kleinen starrten uns an wie Erscheinungen aus einer anderen Welt. Unser Gruß ward nur schüchtern, stockend erwidert. Und als wir scherzhaft eine Rechenaufgabe stellten, da blieb ein Theil der Kinder wie angeschmiedet stehen, der andere ergriff jählings die Flucht in den rettenden Wald.

Jenseits Lamitz geht's über den Roßberg und dann in summenden, sonndurchblitzten Wald hinein. Es war ein rechter Sommertag voller Wunderfarben und Wundertöne! Wie herrliche Musik schien es zwischen Himmel und Erde auf und nieder zu klingen. Nirgends ein menschlicher Laut. Erst als der Pfad sich niedersenkte, und wir endlich die grüne Sohle des Weißenbachthales durch die Stämme schimmern sahen, vernahmen wir den eigenthümlichen Pfeifton einiger Sensen, die durch das Wiesengras schwirrten. Noch eine Biegung des Thales, und wir standen wieder am Ufer der Saale. Vor uns baute sich drüben amphitheatrisch das malerische Städtchen Hirschberg auf. Wenige Minuten später schritten wir über die Saalbrücke, aus bayrischem Gebiete hinüber in's Reußenland.

Landschaftlich bildet das hoch thronende Schlößchen die Perle von Hirschberg. Von der ursprünglichen Burganlage ist freilich nichts mehr vorhanden. Der älteste Theil, den das Schloßrevier heute noch besitzt, ist ein 10 m im Durchmesser haltender, mit einem Kegeldach abgedeckter Rundthurm an der Nordostecke. Doch reicht seine Entstehung auch nicht über das 16. Jahrhundert zurück. Schattige Anlagen stufen sich von da ab zu dem schönen Felsenufer, die am gegenüberliegenden Ufer, durch einen Holzstieg verbunden, ihre Fortsetzung finden und den deutschen Namen „Hag"

führen. Das fast senkrecht über der Saale hoch=
thronende fürstliche Schlößchen dient heute Amtszwecken.
Uralten Boden begrüßt man da droben. Schutz gegen
die überwundenen Sorben zu schaffen, ward hier einst
eine Reichsveste erbaut, welche den Mittelpunkt eines
alten Reichsgutes bildete. Urkundlich tritt diese freilich
erst 1154 auf. Im nächsten Jahrhundert saßen als
Herren hier die Vögte von Weida. Späterhin gelangte
der Besitz nach mancherlei Wechsel durch Verpfändung
und Kauf in die Hände des jüngeren Hauses Reuß,
das 1678 das Schloß ausbauen ließ und zu einer
Residenz erhob. Bis 1711 herrschte hier die Linie
Lobenstein=Hirschberg. Von da ab ward der Bergsitz
mehr und mehr vernachlässigt. 1743 tauchte in dem
Schlosse Graf Zinzendorf auf. Er war mit einer
Tochter aus dem Hause Reuß=Ebersdorf vermählt
und hielt jetzt, Stimmung für seine Herrnhuter Brüder=
gemeinde zu machen, auf dem Schlosse eine feierliche
Synode ab. Zehn Jahre früher hatte sein Schwager,
Graf Heinrich XXIX., in Ebersdorf die heute noch
blühende Brüdergemeinde gegründet.

Das Städtchen Hirschberg macht von weitem noch
immer einen sehr freundlichen Eindruck. Leider hat
die Industrie in dem nach der Wasserseite zu belegenen
Theil des Städtchens für immer mit dem Kleinstadt=
idyll aufgeräumt. Die Luft ist hier durchsetzt mit Leder=
geruch und Sozialdemokratie. Eine bedeutende Aktien=
gesellschaft auf Herstellung von Sohlenleder nach
amerikanischem System hat sich hier in umfangreichen,
häßlichen Bauten breit gemacht. Allein 800 Gruben

sind für das Gerben des Leders hergestellt worden. Die Ufer und Alles, was sich an diesen entlang und zur Berghöhe rechts emporzieht, ist in eine schmutzige Farbe eingetaucht. Erst weiter hinan im Innern des so mißhandelten Städtchens wird man des behaglichen Gefühls wieder froh. Auf halber Bergeshöhe traten wir in ein Gasthaus ein, für eine Stunde der Gluthhitze draußen zu entweichen. Wirth, Polizist und ein Viehhändler becherten am Mitteltisch. „Das Auge des Gesetzes" ruhte für ein paar Sekunden forschend auf uns. Dann tauchte der hagere Mann die Spitznase tief in den Bierkrug, ordnete die wenigen grauen Haarsträhnen, welche gleich Sardellen die sonst blankpolirte Schädeldecke querten, und streckte darauf beruhigt die dürren Beine weit von sich. Hirschberg und das Fürstenthum Reuß waren gerettet. Eine gute Stunde später schritten wir wieder drüben auf bayrischem Gebiet längs der Saale hin. Bei einer solchen Fußwanderung heißt es tagsüber gar manchmal sich entscheiden, welches Ufer zu seinem Rechte kommen soll. Denn hüben und drüben liegen die Perlen aneinander gereiht. Die Saale zieht von hier bis Blankenberg die politische Grenzlinie zwischen Bayern und Reuß j. L. Dorf Sparnberg und dann wieder Dorf Blankenberg bilden hingegen zwei winzige preußische Enclaven, mit einer dritten, etwas landein liegenden, Blintendorf, ganz unvermittelt sich hier in das thüringer Staatengemengsel einmischend.

Die Wanderung von Hirschberg bis Blankenberg ist von poetischem Reiz, den selbst an solchen Gluth=

tagen die Schattenlosigkeit des Weges nicht schmälern
kann. Auf und nieder hoch am Flusse hin führt der
Pfad. Man schaut hinüber in das heitere Vogtland
und läßt die Blicke zu den Waldbergen schweifen, bis
wo der Frankenwald allmählich in den Thüringer
Wald hineingreift. Der Fluß zeigt nirgends Leben.
Nur ab und zu gleitet ein schmaler Fischernachen dahin.
Zwischen beiden Ufern vermitteln an schmalen Stellen
luftige Steige den Verkehr, dann und wann auch die
so charakteristischen Saalbrücken, lange hölzerne, nach
allen Seiten geschlossene Gänge, deren Eingänge wie
Scheunenthore anmuthen.

Die Felsklippen, über die wir vorwärts klimmen,
sind zum Theil mit Buschwerk, theils auch mit üppiger
Flora bedeckt. Brombeeren und Haselnüsse, goldig leuch-
tender Ginster, Thymian, Berberitze und anderes buntes
Blumenvolk webt langwallende, blühende Mäntel über
das bröckelnde, grauweiße Gestein. Je nach Biegung
und Steigung wechseln fortwährend die Landschaftsbilder und die blanken, hellen Ortschaften tauchen auf
und nieder.

Als wir gegenüber Sparnberg angelangt waren,
ließen wir uns für ein paar Minuten auf der Felsenkante nieder. Der Aufbau dieses vom Wasser aus
zwischen Feld, Wald und Wiesenland aufsteigenden
Ortes ist überaus anziehend. Brücke, schmucke Einzelgehöfte, das Kirchlein, Alles erscheint wie von der
Hand eines Künstlers hingesetzt. Ein wirksames Motiv
freilich fehlt jetzt diesem Bilde: die romantische Ruine
der Sparnburg, die bisher auf einem Felsvorsprung

scharf über die Saale Auslug hielt. Man hatte uns
viel davon vorgeschwärmt; um so größer war jetzt die
Enttäuschung. Wie weggefegt war auch der letzte Stein.
Späterhin erfuhren wir, daß man sie abgebrochen habe,
um einen — Hammelstall aus dem schätzenswerthen
Material zu erbauen.

Melancholischen Betrachtungen uns hinzugeben,
blieb nicht lange Zeit. Wir hatten kaum die vorliegende
Höhe erklommen, als wir auch schon mitten hinein in
das Dörfchen Rudolfstein fielen. Einige aufgeregte
Gänse schlugen Alarm. Doch in den Thüren und
hinter den Fenstern blieb Alles leer und still. Auch
Rudolfstein hat sein Schlößchen. Mitten aus einem
verwilderten Garten, um den ein trübes Wässerchen
schleicht, blickt unter Bäumen ein ganz mittelalterlicher,
kleiner Edelsitz mit Thürmchen, Giebeln und Altan
hervor. Ein mächtiger Rundthurm steht dräuend
daneben. Wir standen eine ganze Weile und starrten
über die Hecke hinein in das verträumte Stückchen
Burgpoesie. Doch auch hier regte sich nichts. Nur die
Vögel tirilirten über uns, einige Schwalben kreisten um
den Thurm, dazu läuteten blaue Glockenblumen un-
hörbar im warmen Sommerwinde.

Von Rudolfstein bis zu den wenigen Hütten von
Saalbach, zu dem wieder ein überbauter Holzsteig
führte, genossen wir die Ehre, in Begleitung eines
grünuniformirten, gebieterisch ausschauenden Mannes
zu wandern, der sich erst vor der Thür des stillen
Gasthauses zu Saalbach mit erhobener Stimme und
durchdringendem Blicke als „Biersteuer-Erheber" zu

erkennen gab, was unsere Ehrfurcht noch bedenklich steigerte.

Zwischen Saalbach und Blankenberg schlägt die Saale wieder ein paar weite Bogen. Da auch an ihrem Ufer kein rechter Pfad hinläuft, so blieben wir auf der rechten Seite und klommen die Höhe hinan, auf der die Hütten von Pottiga hell niedergrüßen. Seitdem die Bewohner dieser freundlichen Siedelung einmal mit Büchsen, Dreschflegeln und Heugabeln zur Bärenjagd auszogen, um erst zu spät zu bemerken, daß die Bestie ein großer, zottiger Hund gewesen war, seitdem ist es nicht rathsam, in Pottiga von Bärenjagden im Allgemeinen wie im Besonderen zu reden. Das Mißtrauen, verhöhnt zu werden, sitzt den Dorfbewohnern noch immer im Geblüt, und Mancher soll schon einen bläulichen Denkzettel mit nach Haus genommen haben. Aber es gab auch heute in Pottiga Vernünftigeres zu thun, als Narretheien aufzufrischen. Pottiga's Töchter sind seit langen Jahren berühmt als kunstgewandte Stickerinnen feinster Wäschestücke. Aus Plauen und anderen Orten wandern die theuersten Linnen hierher, die nun mit reizvollen Mustern in Seidenstickerei bedeckt werden. Da der Tag still und warm war, so saß eine Reihe der Mädchen vor der Thür ihrer Hütten, mit Mieder, die weißen Hemdärmel hoch aufgekrempt, während die weißen Hände geschickt über den Stickrahmen huschten. Wir blieben bei dieser oder jener hübschen Dirne eine Weile stehen und genossen das reizvolle Doppelvergnügen, der Kunst und Natur vereint uns zu freuen.

Jenseits Pottiga taucht man in stillen Wald, klimmt hinab und erblickt dann beim Austritt vor sich hoch droben über beackerten Höhen das stattliche preußische Dorf Blankenberg. Wie eine Festung thront dieser malerische Ort auf umbuschten Felsklippen hoch über der Saale, die hier auf's Neue eine Windung macht, um auf der anderen Seite das in der Tiefe ruhende, kleine reußische Dörfchen Blankenstein flüchtig zu berühren.

Das Wirthshaus von Blankenberg sah so freundlich uns an, ein Hund umwedelte uns so einladend, daß wir gern eintraten, zumal auch ein Wirthstöchterlein braunäugig und frisch in die Erscheinung trat. Solche Rast thut dem fahrenden Manne doppelt wohl, wenn sie mit harmloser Rede gewürzt wird. Traulicher blickt uns dann der fremde Raum an, und ein Stück Heimath wird wach im Herzen.

Oberhalb Blankenberg ragt aus dem hier wieder ansetzenden Walde, der nun mit kürzeren Unterbrechungen der Saale auf beiden Ufern treu bleibt bis fast nach Saalfeld, ein Felsblock, den man als ein prächtiges Luginsland begangbar gemacht hat. Von da droben fällt der Blick über den felsendurchsetzten Wald hinab zum dunklen Wasserspiegel der Saale, auf Dorf Blankenstein flußab, hinüber in's Bayern- und Reußenland, durch welch Letzteres jetzt die Saale, mit scharfem Ruck und Druck Abschied von Bayern nehmend, für die nächsten Stunden allein fließt, aufhörend, eine politische Grenzlinie darzustellen.

Da ragt der stille Kirchthurm und die Ruine des

kleinen Bayernstädtchens Lichtenberg von einer grünen Bergwelle empor. Von da aus geht's durch den einst so köstlichen Selbitzgrund hinüber nach Bad Steben. Eine Cellulosefabrik hat seit einem Jahrzehnt die Schönheit völlig vernichtet. Sie fing das über Blöcke rauschende Wasser ab, sie machte sich daran, die Wälder abzuschlagen. Wo Selbitz und Saale sich vereinigen, hat eine gleiche Fabrikanlage mit der Anmuth dieses Thalbildes gänzlich aufgeräumt. Die neuen Bahnanlagen der von Ziegenrück, Lobenstein kommenden Linie haben bei Blankenstein schrecklich gewüthet. Ringsum nichts als Verwüstung! Bei Blankenstein senkt sich der Rennstieg mit seinem Ausläufer zum Wasser nieder, wo er an einem Holzsteig endet.

Im Sonnengeflimmer leuchtet der Kulm, glänzen die Hütten von Kießling und Absang. Und ich gedenke in dieser Stunde wieder jener Abenddämmerung, in der wir an einem Sommerabende des Jahres 1889 als „Wiederentdecker" des uralten Grenzweges nach sechstägiger Wanderung uns dem Endziele unserer mit so vielen Freuden ersehnten Entdeckungsfahrt näherten.*) Ein letztes Glühen lief über den Bergfirst und die Hütten von Blankenberg. Aus Thälern und von Höhen erklang das Geläut der Abendglocken. Nun war erreicht, was wir geplant, erstritten, nun lag zurück, was uns seit Jahren beschäftigt und bewegt

---

*) Siehe: „Der Rennstieg". Eine Wanderung von der Werra bis zur Saale. Von A. Trinius. (J. C. C. Bruns' Verlag, Minden.)

hatte. Da standen wir auf dem Holzsteig und blickten noch einmal zurück. Wir schüttelten uns stumm die Hände und dann flogen unter dreimaligem „Hurrah" die Hüte in die Luft.

Dem Saalwanderer ist heute von dem Trümmergefilde bei Blankenstein bis zum Dorfe Harra ein neuer Weg angewiesen. Er muß Viadukte und frisch aufgeschüttete Bahndämme kreuzen, an abgesprengter Felswand zwischen Drahtgittern entlang ziehen, um erst jenseits Harra wieder Freiheit und ungehemmter Bewegung sich erfreuen zu dürfen. Wir waren noch mitten im schönsten Schelten, als sich uns lächelnd ein langbärtiger Mann anschloß und uns einlud, mit ihm über die Schienen des neuen Eisenweges bis Harra zu lustwandeln, eine Einladung, die wir um ihrer Eigenart willen denn auch annahmen. Einige Tage später sollte die Bahnlinie eingeweiht werden. Wir hielten also Vorfeier!

Was wir geahnt, bestätigte sich rasch. Es war der leitende Ingenieur dieser Bahnstrecke, der uns bis Harra über sein Werk führte.

„Sie haben Recht, wenn Sie über die Verhunzung dieses schönen Stück Thales in Zorn gerathen," äußerte er nach einer Weile. „Man reißt nicht ungestraft Felsen ein und zertrümmert, was die Natur seit ungezählten Jahrtausenden heilig behütete. Einem Ingenieur, dem, wie mir, Sinn für unangetastete Natur eingeprägt ist, dem geht's fast wie Faust: Zwei Seelen wohnen, ach! in seiner Brust. Ich weiß, in Sachen der Schönheit können wir die Natur nicht meistern, aber ich weiß auch, daß künftighin Hunderttausende dankbar fühlen, wenn sie zwei Stunden schneller von Nord- nach Süddeutschland gelangen. Und mit denen muß die Welt heute rechnen, nicht mit der kleinen Gemeinde von Naturschwärmern. Wir leben im Zeitalter des Dampfes . . ."

In Harra am neuen Bahnhofe schieden wir voneinander. Die Bahnlinie hat hier mitten durch das malerische Bergdorf einen tiefen Spalt eingerissen, von wo sie bald darauf in einem Tunnel verschwindet, um beim Lemnitzhammer sich landein nach Lobenstein zu wenden.

Für das Fürstenthum Reuß ist übrigens diese Stelle, wo sich heute der Bahnhof erhebt, sogenannter „historischer" Boden. Denn hier fand am 2. Oktober 1826 die „Schlacht bei Harra" statt.

In den zwanziger Jahren jenes Jahrhunderts wurden die Bewohner des Oberlandes Reuß von dem damals regierenden Fürsten Heinrich XXII. durch eine Verordnung aufgefordert, der „Magdeburger Landfeuer-Societät" beizutreten. Die Unterthanen jedoch — voran die dickschädeligen Bauern! — lehnten unwillig und mißtrauisch eine solche Zumuthung ab. Da entschloß sich der Fürst, nun mit Gewalt zu zwingen, was wohlmeinende Fürsorge nicht erreicht hatte. Auf höchsten Befehl wurden also sämmtliche Hüttenbesitzer von Harra und Umgebung zu einem Stelldichein am oben genannten Tage in Harra beordert. Da sollten sie sich der landesherrlichen Verordnung unterwerfen. Um der Ausführung mehr Ausdruck und Ernst noch zu verleihen, waren zwei Kompagnien reußischer Soldaten unter Führung des Hofraths Flotow und der Hauptleute Mondorf und Hammacher in Harra auf dem Platze zu der anberaumten Stunde erschienen, mit dem geheimen Befehl, nur im äußersten Nothfalle von der Waffe Gebrauch zu machen. Gleich nach dem Einrücken der Truppen entstand unter den dicht versammelten Bauern lebhafter Tumult und plötzlich fielen Seitens der Soldaten — absichtlich oder aus Fahrlässigkeit — zwei Schüsse, welche die Landleute zu grenzenloser Wuth anstachelten. Jetzt erst ertönte das Kommando zum Angriff und in die wehr- und waffenlosen Bauern hinein prasselten die Kugeln. Vier todte Bauern deckten die Wahlstatt; dreizehn Verwundete wurden fortgetragen. Das Eintreffen des Fürsten machte dann der unrühmlichen „Schlacht von Harra" ein Ende. —

Harra bietet auch sonst noch manches Interessante. Seine Kirche besitzt noch verschiedene den Kunstfreund fesselnde Alterthümer. Im 13. Jahrhundert saß hier im Orte bereits ein Geschlecht von Harra, das dann 1392 den Besitz an die Herren von Blankenberg verkaufte. Nach mancherlei Wechsel kam das Kammergut endlich im 18. Jahrhundert an das Fürstenthum Reuß j. L.

Mancherlei Gerechtsamen bestehen noch in Harra. So dürfen sämmtliche Wirthshäuser nur Bier verschenken, das im hiesigen Münch'schen Gasthause „Zur Eintracht" gebraut wurde. Ferner besitzen die Einwohner des 900 Seelen umfassenden Dorfes das uralte Recht, bei Eisgang oder Hochwasser mit Hamen an den Saalufern fischen zu dürfen. Es ist dieses ein mühsames und oft auch lebenbedrohendes Geschäft. Doch setzt es viele Hände und Beine in Bewegung, und wenn man Abends heimkehrt, so krönt ein fröhlicher „Fisch= schmaus" des Tages Arbeit.

Von Harra aus gelangt man über die Höhe und auf schattigem Waldwege in das Lemnitzthal, just, wo der Sieglitzbach in die Lemnitz und diese gleich darauf in die Saale einmündet. Da unten ruht die freund= liche Wirthschaft „Zum Lemnitzhammer", zu der die Lobensteiner so gern durch das tannengrüne Wald= thal niedersteigen. Der Blick aus dem Garten fällt leider grade auf die öde Ziegelwand einer mächtigen Brauerei, deren Gerstensaft weit und breit in den an= grenzenden Landen Ruhm genießt. Weit schöner wirkt daneben der stolze Viaduct, den die hier aus dem Walde kommende und gleich wieder hinein verschwin= dende Bahn über den Sieglitzgrund schlug.

Eine kleine Wendung und die Saale blitzt uns wieder freundlich entgegen. Auf den hohen, bewaldeten Uferbergen lag weich und warm der Abendglanz. Ein kurzer Regen hatte die Natur wundersam erfrischt. Der süße Duft blühenden Gesträuchs mischte sich mit dem Würzehauch jungen Tannengrüns. Da und dort schwebte noch der Wasserdunst in zarten weißen Wölk= chen über Fluß und Waldberge hin. Einzelne verstreute Gehöfte und Mühlen in Nähe und Ferne leuchteten im Glühfeuer der sinkenden Sonne.

Wir überschritten dann wieder eine steile Waldhöhe und schlugen einen schmalen Pfad ein, der uns hinab in das Thal des Friesaubaches führte, an dessen Ausgang der Weiler Gottliebsthal sehr lieblich sich bettet. Diese schöne und sehr günstige Lage (die Straße von Hof-Hirschberg führt hier über eine stattliche Sandsteinbrücke nach Lobenstein!) haben den Gasthof zu einem Wallfahrtsorte an schönen Sommertagen gemacht.

Jenseits der Brücke leitet am rechten Ufer eine Straße bald nach den weißen Häusern von Saaldorf. Die Ufer, felsenreich und herrlich bewaldet, treten hier ziemlich dicht zusammen, eine wildromantische, stundenlange, waldeinsame Felsengasse bildend, in deren Tiefe die Saale blitzend dahinrauscht. Dicht an Saaldorf angrenzend, gleichsam das Thal schließend, liegt der Neuhammer. In diesem stillen Gasthof kehrten wir für diese Nacht ein.

Saalfische und fürtreffliches Bier wurden aufgetragen und gingen nach heißer Tageswanderung gar lieblich ein. Auch an Unterhaltung sollte es nicht fehlen. Der fürstliche Oberförster aus Waidmannsheil, Schultheiß und Lehrer gesellten sich zu uns unter der schwebenden Petroleumlampe. Von Jagd und Politik, Land und Leuten, von persönlich Erlebtem ging immer munterer die Rede. Als der Schultheiß um zehn Uhr bedeutungsvoll die Augen kreisen ließ, ward er eines Besseren belehrt.

„Austrinken und frisch füllen!" kommandirte lächelnd der Oberförster. „Wer weiß, wann uns 'mal wieder das Geschick zusammenführt!" Und bei dieser Meinung verharrte er. Der Wächter hatte bereits die zweite

Stunde nach Mitternacht verkündet, als wir uns endlich erhoben und über den Tisch uns die Hände schüttelten. Einsamkeit rückt Menschen und Herzen rascher zusammen! — Draußen rauschte die Saale am Hause hin, der Mond wandelte stillselig seine Bahn und die nahen Bergwälder raunten sich leise im Schlafe Sommermärchen zu.

III.

Von Saaldorf bis Valsburg.

Neuhammer in seiner stillen, wald- und wasserumrauschten Thalecke ist noch ein ganz köstlicher Schlupfwinkel für echte Naturfreunde, die sich für ein paar Wochen dem Genusse reiner Wanderfreuden hingeben wollen. Das Thal stundenweit hinab bis Saalburg zu durchforschen, längs seiner steilen Felsufer, seiner einsamen, herrlichen Wälder, und dann Abends gemächlich die Beine unter dem Tische des schlichten und doch so guten Wirthshauses zu strecken — das muß eine ganz besondere Lust sein. In seiner wilden, waldumträumten Einsamkeit bleibt mir im gesammten oberen Saalthale diese dreistündige Strecke bis Saalburg der schönste und anziehendste Theil, dem sich in dieser Weltabgeschiedenheit nichts zur Seite stellen läßt.

Tüchtige Wanderer finden hier ihre Rechnung. Vor allen Dingen gehört Spürsinn dazu. Kein Weg führt hier drunten in dem völlig von der Außenwelt abgeschlossenen Thale flußab. Da heißt's, sich selbst Bahn durch Wiesen, Gebüsch und Geklüft suchen. Schroff stürzen die Felswände nieder. Aber sie bieten zum Theil Bilder von hinreißender Schönheit. Im

Morgenschimmer und Abendglühen läßt's sich da oben gut schauen und träumen. Weite Waldungen, von Wild durchhuscht, öffnen sich nach allen Seiten; schmucke Fürstensitze leuchten da und dort, epheuumrankte Försterhäuser grüßen, Mühlen klappern und auf den Höhen, in all den Thalwinkeln erblickt das Auge verstreute Einzelgehöfte, deren weiße Wände so lustig in der Sonne gleißen, so wirksam sich von dem Grün der Matten und Hochwälder abheben. Wer hier für längere Zeit weilt und sich die Herzen erwirbt, der darf auch wohl mit einem Grünrock hinausziehen, dem Wilde nachzuspüren, oder am nächtlichen Fischfang bei Fackelschein Theil nehmen, wenn die blutrothe Gluth über das Wasser gleitet und hinein in den schlafenden Wald leuchtet.

Ein Idyll herzerfreuender Art diese Handvoll Häuser von Neuhammer! Es zog mich an, als ich seiner mich zum ersten Male näherte, und es hat mir den Abschied schwer gemacht. Neuhammer, Saaldorf und Waidmannsheil drüben auf der Höhe reihen sich fast aneinander an. Erzählt doch der jugendliche Lehrer von Saaldorf mit Humor und Stolz, daß zu seiner Schule allmorgenlich die Buben und Mädchen aus nicht weniger denn achtzehn Ortschaften, Weilern und Einzelhöfen angetrippelt kommen. Das hat Saaldorf den scherzhaften Namen „Polynesien" eingetragen.

Neuhammer liegt am linken Ufer. Wandelt man über die Steinbrücke, die ein heiteres Thalbild entrollt, so berührt man bald am gegenüberliegenden Ufer flußauf die ersten Hütten von Saaldorf. Von hier geht's scharf hinan nach Waidmannsheil, das außer einigen malerischen Dorfhäusern noch die fürstliche Oberförsterei, das Jagdschlößchen und ein paar dazu gehörige Bauten besitzt. Sie alle genießen mehr oder minder die lieblichsten Blicke in das Saalthal und auf die gegenüberliegende schöne Uferwand.

Der nächste Tag sah uns schon früh auf den Beinen. Wie ein Jauchzen schien es heute durch die Natur zu gehen. Flußab, wo die hohen, eng sich schließenden Felsen der Sonne den Zutritt wehrten, wogten noch grauflatternde Nebelschleier, das Thal oft füllend, unruhig auf- und niedersteigend. Thalaufwärts aber blühte und funkelte es im goldenen Sonnenglanze, der in dem thaufeuchten Grase, den Spinnweben in Busch und Dorn Millionen schillernder Funken entzündete, die Thalwand röthete und in Nähe und Ferne überall neuhoffendes Leben erweckte. Und dazu rauschte die Saale, die Vögel tirilirten, die Wälder grüßten wogend im Andachtschauer den jungen Tag, und über Alles spannte der Himmel seinen blauen Bogen.

Fast alle Saalewanderer nehmen über Waidmannsheil den Weg bis Saalburg. Er ist über die Hälfte kürzer als der, den wir späterhin hoch am rechten Ufer hin nahmen. Eine gut gehaltene und bequeme Straße leitet da durch den waidmannsheiler Forst und den Saalwald. Auf diesem Wege durchschneidet man den an herrlichen Waldbäumen so reichen fürstlichen Thierpark und wird zuweilen dabei durch den Anblick äsender Hirsche erfreut.

Wir schritten nur eine kurze Strecke in den Thier=

park hinein. Tannen und Buchen stehen da im dichten
Gemisch, und köstliche Waldesbilder rollen sich dabei
auf. Hart über der Saale springt oben auf steiler
Felsenkante ein mit einer Hütte gekröntes Luginsland
hervor, der Marienstein. Weit hinüber in das reußische
Land nach Lobenstein und Ebersdorf zum Franken-
und Thüringerwald wandert da das Auge und fällt
dann immer wieder hinab in das unvergleichlich schöne
Flußthal. Ein Rival von Marienstein ist der am
anderen Ufer abwärts von Neuhammer gelegene
Heinrichstein, der aus romantischer Felsenpracht empor-
ragt. Er gilt mit Recht als ein Glanzpunkt dieser
Gegend.

Trotz der Morgenfrühe drückte die Sonne bereits
kräftig, als wir, aus dem Thierpark zurückkehrend, uns
durch Waidmannsheil nach dem hellleuchtenden Jagdschlößchen gleichen Namens wandten. Dieses, in der
Hauptsache nur aus einem zinnengekrönten Thurm mit
zwei kleinen Flügelanbauten bestehend, ist eine zierliche
architektonische Schöpfung. Seine Lage inmitten der
grünen Wiesen und breitwipfeligen Parkbäume, hoch
thronend über einem felsigen Quellthälchen, machen es
zu einem Idyll. Der Ausblick vom Thurm, aus den
Fenstern und den Vorplätzen ist überaus malerisch.
Schade, daß die Wangen der hinanführenden Freitreppe
mit zwei so plumpen, humoristisch wirkenden Ungethümen,
Bär und Eber, besetzt wurden. Ueber der Thür prangt
das reußische Wappen. Die innere Einrichtung ist im
Jagdstil gehalten und enthält manch interessantes, aus
Hirschgeweihen angefertigtes Stück.

Fürst Heinrich LXXII. ließ im Jahre 1837 das Schlößchen Waidmannsheil erbauen und wohnte späterhin oft hier mit seiner damaligen Lieblingsmaitresse, der berüchtigten Tänzerin Lola Montez. Eine recht bewegte Lebensgeschichte lag bereits hinter dieser, ehe sie als Stern an dem Liebeshimmel des Reußenfürsten aufging. Geboren 1820 in Schottland als illegitime Tochter eines schottischen Offiziers Gilbert und einer Kreolin, kam sie erst nach Bath in eine Erziehungsanstalt, heirathete aber bereits 1837 einen Lieutenant James, dem sie nach Ostindien folgte. Doch bereits im Jahre 1840 kehrte sie nach Europa zurück, bildete sich zur Tänzerin aus, legte ihren Namen James ab und nannte sich fortan Lola oder auch Dolores Montez. Und nun begann ein Wanderleben voller Aventiuren, Triumphe und Niederlagen. Man umjubelte sie, brach sich ihretwegen im Duell den Hals, überschüttete sie mit Beifall und Gaben. Aber ihr liederlicher Lebenswandel brachte sie immer wieder in Konflikt mit der Polizei und so ward sie in Frankreich und Rußland ausgewiesen, was ihren eigenartigen Ruf nur noch steigerte. Anfangs der vierziger Jahre öffnete ihr Heinrich LXXII. Haus und Herz. Nun herrschte sie über das Reußenland. Ihr Auftreten, ihre Launen und Verschwendungssucht erregten jedoch auch hier bald großen Unwillen. Er kam zum öffentlichen Ausdruck und Heinrich LXXII. begann zu zittern. Er kündigte der herrschsüchtigen Abenteurerin die Freundschaft und befahl ihr in seiner Angst, sie möge binnen 24 Stunden sein Land verlassen. Boshaft ließ ihm Lola Montez erwidern, daß sie, um über die Grenzen seines Reiches zu kommen, kaum vier Minuten gebrauche. — Sie ging nach München, eroberte das Herz Ludwigs I. und Titel wie Rang einer Gräfin Landsfeld. Als das Volk sich voll Empörung erhob, mußte der galante Bayernkönig 1848 seine schöne Lola ziehen lassen. Auch der Titel ward ihr wieder abgesprochen. Nach mancherlei Irrfahrten heirathete sie 1850 einen englischen Gardelieutenant Heald, trennte sich von ihm, ging nach Amerika, schrieb ein Theaterstück, in dem sie selbst als Befreierin Bayerns auftrat, heirathete 1853 in Kalifornien erst einen Zeitungsredakteur Hull, dann einen deutschen Arzt, und starb endlich am 30. Juni 1861 zu New-York in größter Armuth, verlassen und gemieden von Jedermann. — Die Erinnerung an ihr Verweilen in Waidmannsheil liegt noch heute wie ein dunkler Schatten über dem Schlößchen und soll mit Schuld tragen, daß es noch immer von dem fürstlichen Hofe möglichst gemieden wird.

Südlich von Waidmannsheil liegt noch ein anziehender Punkt: Agnesruhe. Ueber tannendurchsetzter Felswildniß, der „Mühlberger Schweiz", ragt die mit Bänken versehene Schutzhütte auf. Der Ausblick ist weit und schön. Er fällt zum Grunde nieder auf eine Fülle von Einzelgehöften, von denen sich die Gehöfte des „Spaniens-Hammer" am nächsten hervordrängen, schweift dann das Saalthal hinauf, bis wo die Lemnitz hineinmündet. Kräftig geformte Waldberge schließen das Bild im weitgeschwungenen Rahmen ab. Hoch oben, den Horizont begrenzend, grüßen die Dorfhütten von Kießling am Rennstieg.

Nach eingenommenem Frühstück rüsteten wir uns zum Weitermarsch. Der Lehrer von Saaldorf hatte sich freundlichst erboten, uns für die nächsten Stunden Führer und Weggenoß zu sein. So ging's zum Abschied. Ueber die Saalbrücke noch einmal zurück, dann scharf links umgebogen, die schroffe Uferlehne hinan ... hinein in herrlichste Waldwirrniß! Ein schmaler Fußsteig ist's, der uns aufgenommen hat und der im Verlauf der Stunden, oft nur noch dem geübten Auge erkennbar, als schwach betretener Saum- und Pürschpfad sich durch oft urwaldähnliche Wildniß auf und nieder zieht. Und welch ein Wandern! Noch heute schwellt's mir die Brust, und wie im Echo geht ein heimlich Jauchzen mir durch's Gemüth.

Röthlich übertupft von süß duftenden Heckenrosen stehen die Büsche am Wege. Die Morgensonne fließt darüber hin und malt sich funkelnd in den leis zitternden Thautropfen. Die weißen Häuser in der Tiefe leuchten noch einmal herauf ... deutlich vernimmt das Ohr das Rauschen der Saale ... dann schlagen die Tannenzweige einer Dickung über und um uns zusammen. Noch höher klimmen wir, bis der oberste Rand der Uferwand fast erreicht ist. Dann und wann lichtet es sich zur Linken. Dann schaut man ein ernstes, weltabgeschiedenes Thalbild: den aufblitzenden Fluß, die herrlichen, bewaldeten Uferberge, darüber den Himmel wie eine blaue Brücke im luftigen Bogen gespannt.

Alles menschliche Leben haben wir hinter uns gelassen. Als in der Tiefe 'mal ein Hund anschlägt, bedeutet uns der Führer, daß sich da drunten eine

einsame Mühle am Ufer unter Bäumen versteckt.
Immer den launischen Windungen des Flusses folgend,
hält unser Pfad auch alle Höhen und Tiefen der
Uferberge und einmündenden Seitenthälchen inne. Das
kostet heute im sengenden Sonnenbrande doppelte Mühe.
Aber wir achten ihrer nicht. Die Poesie dieses Weges
hält Herz und Augen gefangen.

Zuweilen schleicht der Pfad an einem Wildgatter
hin, dann taucht er wieder in eine Schlucht, um drüben
steil auf's Neue sich emporzuschlängeln. Ueber eine
leiterartige Treppe verlassen wir den eingegitterten
Theil des Waldes, um eine Viertelstunde später dieselbe Kletterei zu wiederholen. In einer engen Thal-
falte, hoch über dem Flusse zwischen den Bergen ein-
geklemmt, liegt das einsame Forsthaus Silberknie, die
einzige menschliche Siedelung auf dieser gesammten Weg-
strecke. Wie schön dieses Haus liegt, sein Name deutet
es an. Der helle Nachruf eines Teckels folgt uns noch
lange, als wir längst wieder durch sonndurchblitzte
Waldwildniß schreiten.

Laub- und Nadelholz wechselt in bunter Mischung,
Hochbestand und Jungholz. Nun aber umfängt uns
majestätischer Buchenwald. Silbergrau, glatt und
kräftig stehen die Bäume wie Säulen da, über denen
grünes Maßwerk und Himmelsblau sich wölben. Um
uns her wogt zu Füßen ein zweiter, zierlicher Wald
hochstieliger Farrenkräuter in reicher Fülle. Den Boden
aber deckt, so weit nur das Auge trägt, Waldmeister
in seltener Ueppigkeit. Sein Duft weht berauschend
unter den Bäumen hin und umschmeichelt die Sinne

mit freundlichen Bildern und Erinnerungen. Und ich denke in dieser Stunde einer gleichen Wanderung unter Buchen und Waldmeisterduft hin. Ein Junitag wie heute! An der Seite den kaiserlichen Oberförster des Pfirter Ländchens drunten im Sundgau der Südvogesen, schritt ich damals am Grenzlande dahin: hier Deutschland, dort Frankreich und Schweiz, und in der Ferne, Wolkengebilden gleich anzuschauen, die flimmernden Gletscher und Eiszacken des Berner Oberlandes. Es war ein Schmugglerpfad, verschwiegen und versteckt wie der heutige; die Heckenrosen blühten, durch die ganze Welt ging es wie Leuchten und Klingen.

Der Anblick der Saale tief unter mir reißt mich aus meinem Sinnen. Nun bleiben der Weg und wir ihr treu. Noch an zwei Stunden schreiten wir an ihren steilen Uferhängen hin, zur Rechten den summenden Wald, zur Linken den Fluß, der durch aufstrebende Baumwipfel jetzt aufblitzt, dann wieder bei einer Biegung sich eine Strecke weit aufrollt. Zuweilen streicht ein Raubvogel über die Wellen, nach Fischbeute ausspähend; im Dickicht hämmert der Specht, ruckst die Holztaube, dazu vielstimmiger Chorgesang der vereinigten Waldmusikanten! Jetzt schrumpft der Fußsteig fast zu einer Linie zusammen. Wo Felskanten und Vorsprünge Winkel und Hindernisse bilden, gilt es an Gestrüpp und Wurzelgeäst sich fortzutasten. Aber die Wildheit dieses Pfades, die wunderschönen Niederblicke in das stille Thal steigern fast mit jedem Schritte das Behagen dieser Kletterfahrt. Als wieder einmal an einer scharfen Felsschroffe unter uns die Wipfel aus-

4*

einander reißen, und nun der Fluß und das gegenüberliegende Ufer sich sonnbestrahlt zeigen, da machen wir trotz aller Unbequemlichkeit Rast. Die Hacken werden fest eingebohrt, der Oberkörper wird, um nicht abzugleiten, leicht nach hinten gebogen. So ankern wir uns fest, lassen die Feldflasche einmal von Hand zu Hand gehen und genießen freudig den Zauber dieser Wanderstunde.

Der Wechsel von Auf und Nieder hört allmählich auf. Es geht glatt am Ufer oben hin. Auch der Weg breitet sich. Es ist jetzt ein grüner Gang geworden, eine echte Wildbahn. Das Gras wuchert darüber hin, Beerengestrüpp, dicht mit Blüthen überladen, steht zu Seiten, dazwischen ein üppig malerisches Gewirr von Dornen und Disteln, Lattich und Malven. Der Fingerhut blüht in allen Farben, die Königskerze leuchtet allüberall, zwischen Weidenröschen und Eisenschuh stehen mannshohe Stauden von Belladonna, seltsam-geheimnißvoll uns mit den ernsten Blüthen anschauend. Ein verwirrendes Bild von Blüthen und Düften aller Art. Ueber das Geröll, das da und dort den Boden deckt, huschen glitzernde Eidechsen, große, bunte Schmetterlinge flattern um uns her, und dazu gießt die Mittagssonne unbarmherzig ihre glühenden Strahlenpfeile auf uns nieder.

Doch die eigene Schönheit des Weges läßt kein Gefühl der Ermüdung aufkommen. Munter geht die Rede, ein Lied summt durch die feierliche Stille oder ein Jodler bricht sich freudig Bahn, und die Bergwände drüben geben ihn hallend zurück. Und endlich senkt

sich der Pfad, windet sich noch einmal durch Waldes-
schatten und endet dann nahe dem Ufer, wo von rechts
die gerade Straße aus dem Thierpark herunterkommt
und sich nun längs des Wassers bis Saalburg fortsetzt.

An dieser Grenzscheide nehmen wir Abschied.
Dank und Händedruck, ein letztes Grüßen an die Tafel-
runde der verwichenen Nacht, dann wendet sich unser
Führer, und bald ist seine schlanke Gestalt zwischen den
Tannen des Thierparks uns entschwunden. Wir sitzen
rastend für ein paar Minuten am Ufer, lauschen der
Melodie der Wellen und lassen schweigend den Zauber
der einsamen Wanderung im Herzen ausklingen.

In einer halben Stunde erreicht man von hier
aus das hoch über der Saale thronende Bergnest Saalburg. Grade von dieser südlichen Seite her zeigt sich
das Bild der Stadt am anziehendsten. Saalburg baut
sich hier auf einem tief in die Saale vorgeschobenen
Ausläufer des Kulmberges auf. Ein runder, uralter
Wartthurm beherrscht das Thal auf und nieder. Daneben hat ein Industrieller des Landes, Ferber, das
einstige Amtshaus stilvoll in einen mittelalterlichen
Edelsitz umgewandelt. Ein Schloßgarten schließt sich
an. Obsthaine und Hopfengärten steigen bis zum Flusse
hinab, dazwischen klettern blanke Häuschen auf und
nieder und weinumrankte Giebel heben sich hervor.
Unten verbindet eine überdachte Brücke die Saaleufer.

Ueber diese Brücke führt eine uralte Frankenstraße
von Leipzig nach Nürnberg (Schleiz-Saalburg-Loben-
stein). Das hat einstens der Stadt Leben und Ein-
nahmen gebracht, aber auch um so mehr fremde, wilde

Kriegsvölker. Wenn die Mauern, welche Saalburg fast noch ganz umziehen, reden dürften von dem, was hier kam und ging, es würden Kapitel voll herzbrechenden Leids. All die Ueberfälle und Brandschatzungen haben denn auch die Stadt verarmen lassen, zumal mit dem Aufkommen der Eisenbahn sich auch der Handel andere Wege suchte und schuf. Wer heute durch das stille, ausgestorbene Städtchen schreitet, das nur noch 850 Einwohner zählt, der fühlt überall durch, daß es einst bessere Tage sah.

Saalburg ist eine deutsche Gründung. Schon der Name sagt uns das. Die Sorben abzuwehren, erstand ein festes Schloß, an das sich im Laufe der Zeit die Stadt anreihte. Wann der Bau emporwuchs, weiß Niemand. Alle geschichtlichen Anhaltspunkte fehlen. Fest steht nur, daß hier in fernen Zeiten ein Dynasten= geschlecht hauste, das den Namen der Veste führte. Späterhin folgten die Herren v. Lobdaburg und v. Greiz. Die Burg ward verschiedene Male zerstört, doch immer wieder aufgebaut. Im 17. Jahrhundert wurde Saal= burg sogar zur Residenz einer der jüngeren Linien Reuß erhoben, bis dann 1724 ein Brand die Burg nieder= legte, aus deren Trümmern jetzt erst wieder ein so schmuckes Haus emporwuchs. Der kolossale Wartthurm, heute noch ungefähr 30 m hoch, wurde 1806 durch einen Kugelregen, den Franzosen von der gegenüber= liegenden Uferhöhe auf ihn spielen ließen, um ein Stück verkürzt. Denn hier war es am 8. Oktober, wo die preußisch=sächsischen Truppen unter Tauenzien gegen die Franzosen unter Murat um die Behauptung des so wichtigen Passes von Saalburg rangen. Es war das erste Treffen und es fiel für die deutschen Kämpfer blutig und unglückselig aus. Nach erbittertem Ringen wich Tauenziens Heer Tags darauf bis Schleiz zurück, und die Franzosen drangen über die Saale in das brennende Saalburg hinein. Und wie vom Schmerze über das Elend der Stadt ergriffen, über dessen Dächer und Mauern er seit vielen Jahrhunderten treulich Wacht gehalten, brach der stolze Bergfried des Reußenschlosses zusammen. —

Wie friedlich muthete heute das Bild der aus den Gärten emporwachsenden Stadt an, die sich noch ein gut Theil ihrer altehrwürdigen Befestigung erhalten hat! Wir stiegen die Berglehne bis zur Burg empor und genossen von einer Bank den Anblick des reizvollen Thalgrundes. Im Schloßgarten sangen die Vögel, Rosen dufteten, und unten rauschte die Saale. Wir schritten durch das Thor in das Städtchen hinein. Der Blick fällt hier auf den schönen Neubau der Oberförsterei, welcher sich auf altem Schloßboden aufbaut. Die marktbreite Hauptstraße schien ob des Wiederhalls unserer Schritte aufzuhorchen. Ein großer Brunnen rieselte eintönig, die Gänse belferten in der Nähe wichtig, fuhren aber auseinander, als wir uns ihnen näherten. Im „Weißen Roß" fanden wir uns sehr gut aufgehoben und es rastete sich in dieser Stunde glühender Mittagshitze daselbst ganz vortrefflich. Auch die Kirche, welche eines Besuches werth ist, gab erfreuliche Kühlung. Für den Kunstkenner giebt es hier noch Interessantes zu sehen.

Ehe wir Saalburg verließen, strebte mein Weggenosse dem Postamte in der Hauptstraße zu.

„Nur ein Telegramm nach Hause," lächelte er, „daß es mir in dieser Wildniß gut gehe. Meine Schwiegermutter, die Gute, sorgt sich sonst ab. Solch seltene Empfindungen soll man ehren."

Der alte Apotheker und Postagent sind in Saalburg in einer Person verschmolzen. Ich setzte mich, während der Freund in dem Laden verschwand, auf die grüne Bank vor dem Hause und ließ den Verkehr der Stadt an mir vorüberfluthen. Außer einigen vorwitzigen Gänsen, die schnatternd zum nahen Stadtthor hinauswackelten, kam aber nichts. Der Brunnen rauschte leise, das Gras zwischen dem Steinpflaster reckte sich langsam höher, drüben an einem Fenster wehte im Zugwinde eine Gardine. Dazu strahlte die Sonne heiß aus wolkenlosem Blau hernieder. Ich begann zu träumen. Da riß mich die Ladenschelle aus der Verzauberung. Mein Wanderkamerad erschien im Thürrahmen, hinter ihm dienernd der bemooste Alchymist. So nahmen wir Abschied von Saalburg. Draußen auf einer kleinen Anhöhe neben der grauen Stadtmauer ließen wir zum letzten Male die Blicke über das friedvolle Bergnest schweifen. Dann ging's durch Feld und Wiesen hinab zur Saale, während die Lerchen selig über uns wirbelten.

Ehe man sich der Fähre nähert, erblickt man rechts im Schutze des aussichtsreichen Kulmberges die tristen Ruinen eines ehemaligen Jungfrauen-Cistercienserklosters, die heute zum Theil ländlichen Zwecken dienen.

Dieses Kloster „Zum heiligen Kreuz" ward 1315—1325 erbaut, 1534 mit Einführung der Reformation säcularisirt. Auf die Insassen dieses Klosters scheint man damals nicht allzu stolz gewesen zu sein. Wenigstens berichtet der eine Visitator, daß der eine Klosterpriester „ein ganz ungelehrter Mann" sei; ein anderer wird als „nicht ungeschickt, aber wüsten Lebens" geschildert. Von dem dritten heißt es: „nicht sehr ungeschickt, will sich aber bessern". Klosterland war hier Vieles einst ringsum. Jenseits des Kulmberges liegt das Dorf Kulm. Seine uralte Kirche, einst Wallfahrtsstätte, wurde 1223 erbaut. Als man 1778 die Kirche wieder in Stand setzte, fand man im Altar eine noch heute dort verwahrte Kapsel mit der Stiftungsurkunde. Dieselbe besagt: Im Jahre der Fleischwerdung des Herrn 1223 ist diese Kirche zu Ehren des Märtyrers Georg von dem Herrn Wilhelm Erzbischof von Havelberg unter Beistimmung des ehrwürdigen Herrn Engelhard Erzbischof von Naumburg geweiht worden. Enthalten sind in diesem Altar die Reliquien der Heiligen: des Märtyrers Georg, des Apostels Petrus, des Erzbischofs Otto und der 11000 Jungfrauen.

Nahe der Fähre liegt am rechten Ufer auch noch eine Klostermühle, und wer im Sommer ein kleines Naturwunder schauen will, der suche im Felsenufer die „Eislöcher" auf, die selbst in glühendster Hitze Reste des Wintereises aufbewahren. Wir aber glitten über den Strom hinüber, wandelten ein Stück das köstlich bewaldete Thal hinab, schlugen uns dann seitwärts in Bergland und Hochwald, um nach heißer Wanderung beim Austritt aus dem dichtgeschlossenen Walde mit einem Schlage das so herrliche Bild von Burgk zu genießen.

Man liest gar oft, daß der Anblick von Burgk dem berühmten von Schwarzburg gleiche. Bis zu einem gewissen Grade ist dies wohl zuzugeben. Bei beiden ein waldumrauschtes Thal, in dem hier wie dort der Fluß eine Schleife bildet, innerhalb deren auf trotzig vorgeschobener, hoher Felszunge je ein leuchtendes Schloß thront. Und doch ist ein großer Unterschied! Schwarzburg's Umgebung ist heiterer, farbenstrotzender. Ein vornehmer Glanz liegt im Goldschimmer darüber ausgegossen. Burgk bietet ein in sich abgeschlossenes Bild, mit einem Stich in's Schwermüthig-Melancholische. Wenigstens aus der Ferne betrachtet. Man erblickt eigentlich nur zwei Grundfarben: Grün und weiß. Die Uferhöhen rücken in der Nähe des Schlosses sehr dicht zusammen, lassen der Sonne wenig Spielraum, und so erscheint der Wald ringsum dunkel, ein Ernst, der sich auch dem dumpf in der Tiefe rauschenden Wasser mittheilt. Das hervorspringende weiße Schloß ist der einzige Lichtpunkt dieser stimmungsvollen Landschaft.

Erst beim Abstiege erblickt man im Thalkessel noch einige Gebäude: den Burgkhammer und das sogenannte Eisgut. Mit dem Schlosse, Wirthshaus und mehreren Häusern droben bilden sie zusammen die Gemeinde Burgk mit 120 Seelen. Quer über die Wiese schreitend führt der Weg durch die überdachte Saalbrücke. Wohlthuend berührt den hier nicht landeingesessenen Wanderer die Inschrift an der Tafel, welche den Eingang zur Saalbrücke schmückt. Diese Tafel enthält die „Brückengeldsätze" der „fürstlich reußisch-plauenschen Kammer" und verordnet in milde-patriarchalischer Weise wie folgt:

„Person, Schaf, Ziege und Schwein zahlen 1 Pfg., ein Schubkarren 4 Pfg., Pferd und Rind 5 Pfg."

Von der Brücke geht es dann sehr steil hinan zur Höhe, die man am Thorhaus (jetzt Amtssitz) des Schlosses betritt. Das aus mehreren Gebäuden sich zusammensetzende Schloß umschließt in seiner inneren Einrichtung manches Interessante: eine werthvolle Rüstkammer, verschiedene üppig im Barockstil ausgestattete Räume, voran das sogenannte Prunkzimmer, eine Schloßkapelle wie eine Reihe geschichtlich merkwürdiger Erinnerungen und Kuriositäten. Aber das Schönste bleibt doch die Aussicht aus den Fenstern und dem einen malerischen Thurm über die grünen Wipfel hinab in das wundersame Waldthal. Herrliche Spaziergänge, wie am vorderen und hinteren Röhrensteig entlang, schließen sich an, hervorragende Landschaftsbilder gewährend, in denen das Schloß mit seinen Anbauten, wechselnd in Gestaltung und Beleuchtung, immer der Kern- und Lichtpunkt bleibt.

Der Ursprung des Schlosses, das ein unregelmäßiges Ganzes bildet, und dessen Haupttheil sicherlich vorn im Dreieck der Anlage, jach über der Saale, sich erhob, birgt sich in Dämmergrau. Man darf aber annehmen, daß es bereits im 10. Jahrhundert bestand. Der rechtwinkelig-dreieckige Bau ist jedenfalls der älteste.

Merian sagt von ihm 1650: „so liegt eine halbe Meile von Schleiz am Wald, der Streitwald genannt, und der Sala ein wohlverwahrtes Schloß, auch den Herren Reußen gehörig."

Soweit die Nachrichten über die Bauthätigkeit am Schlosse zurückreichen, ist folgendes zu bemerken. 1291 wird eine Kapelle erwähnt. Urkundlich erscheint die Burg im Jahre 1365 zum ersten Male. 1403 brach Heinrich ein hier vorhandenes Schloß ab und ersetzte es durch einen Neubau. Heinrich der Beharrliche residirte 1509—1550 auf Schloß Burgk, nach seinem Tode dessen Wittwe Margarethe von Schwarzburg-Leutenberg, trotzdem der Besitz bereits in die Hände der Herren von Plauen gekommen war, bis zur Wiederverheirathung. 1553 ward Schloß Burgk gegen Markgraf Albrecht von Brandenburg in Vertheidigungszustand gesetzt. Nachdem 1596 Burgk die Residenz einer neugestifteten Linie Reuß-Greiz-Burgk geworden war, entfaltete sich droben eine sehr rege Bauthätigkeit. 1609 hielt Heinrich II. seine Hochzeit mit der Freiin von Putbus hier im Schlosse. Der Dreißigjährige Krieg spielte Burgk übel mit. Fremde Söldner plünderten es gründlich aus und wütheten auch sonst bedenklich. Seitdem hat es aufgehört, Residenz zu sein. Es ist im Innern wie im Ausbau viel wieder geschehen, trotzdem kommen die Fürsten doch nur noch gelegentlich der Jagden zu dem wald- und wasserumrauschten, ehrwürdigen Herrschersitze.

Vom Schlosse aus bilden Felsengeschiebe das Pflaster der breiten Straße. An dieser steht ein schmuckes, recht

behäbiges Gasthaus. Ueberaus gemüthlich und gut ist
hier der Wanderer und „Sommerfrischler" aufgehoben.
Dazu eine geradezu selige Stille draußen! Denn das
prächtige Burgk ist noch eine Oase für ruhebedürftige
Naturfreunde.

Die Sonne stand schon tief, als wir aus dem Gasthofe zu Burgk aufbrachen. Von dem oberen Wege
aus, der sich an der rechten Uferlehne entlang schlängelt,
genossen wir noch ein paar Mal ganz entzückende Rück-
blicke auf Schloß und Thal. Dann ging's ein Stück
landein über Wiesen und an Waldungen hin, an deren
Wipfeln der letzte Goldhauch der scheidenden Sonne
hing. Die Grillen schlugen auf den Feldern, der Duft
frischgemähten Heues zog einher, ab und zu vernahm
man das Knirschen eines vollbeladenen Wagens, der
durch den weichen Sommerabend heimwärts schwankte.

In der Nähe des Ortes Dörfles, einer Stätte
heidnischer Begräbnißplätze, findet man noch kümmerliche Reste der ehemaligen Walsburg. Es war dies
der Sitz eines im 14. und 15. Jahrhundert vorkom-
menden, gleichnamigen Adelsgeschlechts, das wohl 1681
erlosch. Im steilen und steinigen Abstieg gelangt man
dann rasch zur Saale hinab. Diesseits liegen am
Ausgange eines kleinen stillen Waldthales ein paar
armselige Hütten. Der Abend lag bereits mit seinem
milden Zauber über dieser Stätte menschlicher Bedürf-
nißlosigkeit. Einige Ziegen kehrten meckernd heim;
dazwischen das Dengeln einer Sense, das heimliche
Murmeln des Baches, in welches stolzer das nahe
Rauschen der Saale klang. Rauchsäulen über den

Dächern, den Abendfrieden mehrend. In den kleinen Gärten prangten rothe Kletterbohnen; da und dort leuchtete eine Feuerlilie. Freundlicher Abendgruß schlug an unser Ohr. Gegenüber diesen Hütten, dicht neben einer großen Holzschneiderei, baut sich die neuerstandene „Sommerfrische" Walsburg auf.

Dort gingen wir für diese Nacht vor Anker.

IV.
Thalab bis Fichicht.

Der Luftkurort Walsburg ist eine Schöpfung aller=
jüngster Zeit, die ihrer Vollendung erst noch ent=
gegengeht. Es ist hier Alles nach modernstem Zuschnitt,
mehr dem Geschmack der Menge als der Neigung der
Naturfreunde Rechnung getragen. Mitten im grün=
umrahmten Flußthale ein Stück Ausstellungsgelände, mit
aufgeputzten Fachwerkbauten, Teppichbeeten, Grotten,
Springbrunnen, künstlichen Thierfiguren und lachenden
Gnomen, Terrassen, elektrischem Bogenlicht, Motorboot
auf der Saale, Chokoladenspeier und automatischen
Musikinstrumenten. Der dies Alles entstehen ließ, stellte
damit gleichsam eine Tratte auf eine goldene Zukunft
aus. Er legte eine mehr als einstundenlange Kunst=
straße durch das Felsenthal der Saale an, baute eine
massive Sandsteinbrücke, richtete auf eigene Faust eine
Omnibusverbindung mit Ziegenrück ein, schuf elektrische
Anlagen, eine eigene Bäckerei, legte ein Wegenetz in
den Bergen an und schaltete nun wie ein kleiner Fürst
und Herrgott in dem Saalethale.

Wir aber wurden diesen Abend doch nicht recht
die Sehnsucht nach der schlichten Gaststube, nach dem

wald- und wasserumrauschten Idyll von Neuhammer los und waren froh, als wir am anderen Morgen wieder im Thale weiter abwärts zogen. Es ward wieder ein glühender, heißer Sommertag. Die neue Straße bietet manches schöne Bild vor- und rückwärts gewandt, und die Spannung steigt, je näher man dem nächsten Ziele entgegenrückt. Ehe man das Städtchen Ziegenrück erreicht, schwingt sich ein schöner Diadukt über den Fluß und mündet am linken Ufer in einen düster gähnenden Tunnel aus. Die Bahn von Gera-Weida hat sich hier einen Schienenweg über Lobenstein bis Blankenstein gezogen, der noch einmal in Hof enden soll.

Ein Stück thalabwärts vom Diadukt erscheint dann mit einem Schlage das so überaus malerische Bild von Ziegenrück, dem ungefähr 1150 Einwohner zählenden preußischen Städtchen. Von hier bis Saalfeld berührt man dann noch herzoglich altenburgisches, rudolstädtisches, preußisches und endlich meiningisches Staatengebiet. Vom Ufer der Saale ziehen sich weiter nach oben die Häuser des Städtchens eng aneinander geschachtelt in aufsteigender Linie einen ganz engen Grund hinauf, der von dem Drebenbache durchflossen wird. Seitlich von diesem ragt auf einer schroffen Felsenbank Schloß Ziegenrück (heute Amtssitz) empor. Es ist dies freilich nur noch das ehemalige Kornhaus des Schlosses, ein plumper, weißgetünchter Bau, aber durch seine das ganze, mehrfach hier gewundene Saalthal beherrschende Lage von ganz außerordentlicher Wirkung.

Das hier ganz wundervoll verschlungene Thal,

dessen merkwürdigen Flußlauf man erst von einer der Höhen verfolgen kann, da die Saale hier geradezu Versteck zu spielen scheint — der Aufbau des Städtchens, die herrlich im Tannen- und Laubschmucke prangenden Höhen: dies Alles macht Ziegenrück zu einer Perle des Saalthales. Ein rühriger Verein hat auch nicht gezögert, eine Fülle ganz prächtiger Aussichtspunkte zu erschließen. Man genießt dabei viel Schönes und kann bewundern, was die Natur in dem Bau dieses Thales schuf.

Die erste Burganlage „Czegenruck" soll wendischen Ursprungs gewesen sein. Im 13. Jahrhundert befand sich Schloß und Städtchen im Besitze der Herren v. Orlamünde. Das „Haus Ziegenrück" sah gar manchen Wechsel. Auch die Landgrafen von Thüringen pflanzten einmal ihr Banner droben auf, als sich die Burg im Jahre 1354 wegen Wassermangels im sogenannten vogtländischen Kriege ergeben mußte. Später kam die Burg an die Ernestiner, an das Haus Sachsen und ward dann im Dreißigjährigen Kriege von den Schweden gründlich zerstört, die sich auf der Bergkuppe über dem Schlosse festgenistet hatten. Die dort noch befindliche Schwedenschanze hat sich als Erinnerung an jene wilde Zeit erhalten. Seit 1815 gehört der Kreis Ziegenrück der Krone Preußens. —

Obwohl die Sonne über Ziegenrück lächelte, schien sie mir doch umflort, als wir zum letzten Male die Gläser einander zuschwenkten. Denn es ging zum Abschied. Den Wandergenossen rief die Pflicht heim. Auf der Straße, die zum Bahnhof führt, schüttelten

5*

wir uns die Hände. Mit hellem Rauschen zog die Saale lockend vorüber.

„Gott befohlen! Grüßen Sie mir Hof und alle wackeren Höfer!"

„Und meine Schwiegermutter, die Gute?"

„Auch die! Selbstverständlich!"

„Ich werde es zu rühmen wissen! Sie wird gerührt sein ob so viel Liebe. Schwiegermütter soll man warm halten — denn kalt stellen lassen die sich nicht. Ach, Bester! Ich werde weich, und das ziemt dem Manne nicht. Also nochmals: Lebewohl! Es waren ein paar prächtige Wandertage!"

Noch ein Händedruck. Dann schwenkten wir die Hüte — er hierhin, ich dorthin. Allein schritt ich am Saalufer weiter. Jeder Abschied rührt leise an's Gemüth. Und wer nun still für sich seinen Weg durch Einsamkeit fortsetzen muß, der schaut sich wohl manchmal um, als könne der Freund doch hinter ihm kommen; der vermißt die ersten Stunden Rede und Gegenrede, den gleichen Schritt und Tritt zur Seite. So ging's auch mir. Ich lauschte den lauten und den geheimnißvollen Stimmen im Walde, ich sah tief unter mir die Saale blitzen, hoch zu meinen Häupten den wolkenlosen Himmel lächeln ... die Sonne sandte goldene Feuerküsse durch das Gezweig ... doch alles Klingen und Leuchten stimmte mich in dieser ersten einsamen Wanderstunde nicht heiterer. Außer in den Ortschaften bin ich denn auch an diesem Tage bis auf einen schweißtriefenden Stephansboten keiner menschlichen Seele begegnet. Und als wir aneinander waren, schob Jeder seinen Stecken unter den Arm, trocknete sich die dampfende Stirn, lächelte, nickte und zog dann fürbaß seine Straße.

Auch die weitere Wanderung von Ziegenrück hält sich am rechten Ufer. Man durchschneidet dabei eine beträchtlich sich vorstreckende Landzunge und gewinnt trotzdem diesseits und jenseits genügend Einblicke in das tief eingeschnittene, zum Theil unwegsame Waldthal. Wenn man den Drebenbach in Ziegenrück überschritten hat, geht es steil hinan zur Reißertsruhe, einer Borkenhütte, aus deren offener Vorderseite sich ein herrliches Bild plötzlich erschließt, das gleich Burgk auch ein wenig an Schwarzburg erinnert. Noch andere Aussichtspunkte schließen sich an. Durch Jungholz klettert man dann empor zur höchsten Kuppe der Landzunge, der „Fernsicht", mit wirklich überraschend weitem Waldgebirgspanorama. Ein Stück davon erreicht man wieder die Uferlehne, an deren Felsmauer ein wilder, umstrüppter, einsamer Weg immer den Windungen der Saale folgt.

Die Sonne brannte sengend nieder und strahlte von dem erhitzten Gestein glühend zurück. Müde taumelten große, bunte Schmetterlinge vor mir her; nur träge flüchteten die Eidechsen vor dem Klange meiner Schritte, der ich selbst mich nicht bequemen konnte, an der Fülle der ringsum wuchernden rothen Erdbeeren mich zu laben. An der Linken-Mühle erreicht man nach steilem Abstieg die Saale wieder. Im Schatten einiger Bäume warf ich mich da in Moos und Heidelbeerenkraut nieder, schob die Reisetasche unter den Kopf und starrte halbträumend in den blauen Himmel. Wieder rauschte die Saale das Leitmotiv dieser Wanderung, die Mühle klapperte, irgendwo im Walde klang eine Holzaxt. Wie fern lag die Welt! Was gleicht dem Zauber deutscher Wanderlust? Wandern heißt Leben! —

Bei der Linken-Mühle führt die von Pößneck herabkommende Straße über eine stolze Brücke jenseits wieder hinan, um dann im Bogen sich nach Lobenstein zu wenden. Von der Brücke steigt sie mit außerordentlich malerischen Niederblicken in das Saalthal, aus dessen waldumrauschter Felsengasse nur ein paar einsame Mühlen heraufgrüßen, immer den Windungen des Flusses folgend, empor zum Dorfe Drögnitz.

Ich athmete dankbar auf, als ich endlich vor dem Gasthofe daselbst den Staub von meinen Füßen schütteln konnte. Drinnen in der Gaststube saßen schon ein paar Gäste. Der junge Lehrer hatte sein bei ihm zum Besuche weilendes Mütterlein mitgebracht; an einem anderen Tische saß der „reitende Gensdarm" des Bezirks. Alle ließen es sich wohlschmecken. Und als ich meinen ersten Durst gelöscht hatte, da begann auch ich mit dem munteren Wirth mein bescheidenes Mittagsmahl in den Kreis unserer Betrachtungen zu ziehen. Meine Kenntniß sollte sich dabei ganz erheblich erweitern.

„Nun, was haben Sie noch zu essen, Herr Wirth?"

Er schmunzelte, strich sich den Bart und zählte dann auf:

„Rührei mit Kopfsalat und Beefsteak mit Kopfsalat!"

Für das einsame Dörfchen alles Mögliche. Doch es sollte noch verblüffender kommen.

„Ist das englisch oder deutsch Beefsteak?" Ich

dachte an die „gedrängten Wochenübersichten" so mancher deutschen Beefsteaks.

Er aber schüttelte ernsthaft das Haupt und erwiederte:

„Frisches Beefsteak — vom Schwein!"

Ich mußte wohl ein ganz sonderbares Gesicht geschnitten haben, denn er setzte rasch noch hinzu: „Wir haben vor acht Tagen ein fettes Schwein geschlachtet. Das Beefsteak ist ausgezeichnet. Was, Herr Gensdarm?"

Der Angeredete nickte, da er den Mund voll hatte, der Wirth nickte, um diese Ansicht an mich zu übermitteln, da nickte ich auch und genoß in Drögnitz zum ersten Male in diesem Erdenleben ein saftiges Beefsteak vom frisch geschlachteten Schwein. —

An zwei Stunden mochten verflossen sein, als ich das gastliche Haus frisch gestärkt verließ. Drögnitz liegt auf einer bedeutenden Hochfläche, und so freute ich mich, als mir ein kühles Sommerlüftchen um das Gesicht fächelte. Man gelangt, zwischen Feldern und unter Obstbäumen entlang schreitend, nach dem Dorfe Reitzengeschwenda und dann hinab durch den lauschigen Waldgrund des Cothrabaches, wobei man altenburgisches Gebiet mit dem rechten Rockärmel flüchtig streift, zur Saale, setzt auf schwankendem Holzsteig zum andern Ufer über und steht bei einer Biegung plötzlich vor dem rudolstädtischen Dörfchen Preßwitz. Im Jahre 1640 fielen Kroaten in das welteinsame Nest und zerstörten es fast bis auf den Grund. Auch das Kirchlein ging in den Flammen auf. Wer denkt noch heute daran? Unendlicher Frieden lag über den wenigen Hütten und

schwebte um das schlichte Gotteshaus. Es war so still
und heimlich im Orte, daß man auf der Dorfstraße die
hart daneben fließende Saale rauschen hören konnte.
Vor dem schlichten Wirthshause saß barfüßig ein braun-
haariger Junge und putzte die Zinndeckel der Bier-
gläser blank. Es blitzten seine dunklen Augen selbst so
blank dabei in die Welt, daß ich mich zu ihm setzte und
bei einem Glase Bier von seiner stillen Heimath Lust
und Leid mir erzählen ließ. Dabei blickte ich zu den
goldumflossenen Tannenspitzen am Bergeshange und
lauschte dem Zwitschern der Schwalben über uns.

Durch den stillen, schönen Sommerabend zog ich
weiter meine Bahn, nun immer der Saale treulich zur
Seite bleibend. Wo der Fluß sich wendet, genoß ich
noch einmal das friedliche Bild des Dörfchens; eine
Viertelstunde später bestand ich in dem Weiler Hohen-
warte ein kleines Gefecht gegen zwei wüthend an-
greifende Hunde, um dann wieder tief in abendlichen
Frieden hineinzutauchen.

Es war ein Wandern wie durch Gefilde, in denen
das Glück noch Wunderblumen im Herzen erblühen
läßt. Nirgends ein Laut menschlicher Thätigkeit. Bergwald, Fluß und Himmel eine einzige, selig zusammen-
fließende Harmonie.

Als ich gegenüber Eichicht über die Saale schritt,
sank verdämmernder Abend über die Thäler der Loquitz
und Saale nieder.

V.
Seitlich in's Loquitzthal.

Die Saale, bisher ein verhältnißmäßig enges, waldeingeschlossenes Thal durchströmend, tritt plötzlich bei Eichicht in einen heiteren, weitgeschwungenen Bergkessel, in dem sich freundnachbarlich die Hütten der drei Dörfer Eichicht, Tauschwitz und Kaulsdorf ausbreiten. Ein Stück Fluß ab rücken die steilen Felswände jedoch noch einmal zusammen und bilden bis kurz vor Saalfeld ein ganz köstliches, waldumrauschtes Flußthal.

Im Angesicht von Eichicht verbindet sich die vom Frankenwalde niederstürmende, wasserreiche Loquitz mit der Saale. Auf dem scharfkantigen, malerisch umbuschten Felsriegel, der Eichelberg genannt, welcher sich zwischen Saale und Loquitz vorschiebt, ragt der mehr und mehr verfallende Bau des Schlößchens Eichicht auf, fast wehmüthig in die grünen Bergthäler niedergrüßend. Er bietet ein hübsches Motiv in dieser Flußlandschaft, und aus seinen Fenstern droben eröffnen sich sehr freundliche Blicke in beide Thäler.

Ein kleiner Wall, welcher das Schlößchen umläuft, deutet noch auf die einstige Befestigung. Im Jahre 1464 wird zum ersten Male Schlößchen Eichicht mit

Kapelle erwähnt. Baureste aus jenen Tagen sind noch
erhalten. Das untere Stockwerk aus Stein, das obere
in Fachwerk ausgeführt, bildet der räumlich nicht große
Bau ein Viereck, welches einen kleinen Hof umschließt
und auf der Südseite von einem beschieferten Thurm
überragt wird.

Eichicht ist eine sehr alte Siedelung, die früher den
klingenden Namen Meichichta trug und im Volksmunde
heute noch Mäg heißt. Im 14. Jahrhundert war die
Burg der Sitz eines Zweiges der Herren von Holbach
zu dem Eichech, welche sich späterhin allein nur noch
nach dem Orte benannten. Im 15. Jahrhundert kam
das Rittergut nebst Schlößchen in den Besitz der auch
mit Schiller verwandten Familie von Beulwitz. Das
ehemalige Rittergut ist jedoch 1818 bereits zerschlagen
worden. Um seiner wirklich malerischen Lage willen
wäre es zu wünschen, daß der alte Sitz noch einmal
eine neue Auferstehung feiern dürfte. Das Saalthal
wäre dann um einen Schmuck reicher. — —

Wer das Saalthal auf oder ab zieht und mit der
Zeit nicht allzu sehr zu geizen braucht, der sollte nicht
versäumen, von Eichicht aus einen Seitensprung in's
Loquitzthal zu unternehmen. Und findet er die Muße
nicht, wenigstens einmal das schöne Waldthal zu durch=
wandern, so mag er sich vom Dampfroß hinauftragen
lassen, um droben zwischen Probstzella und Ludwigsstadt
Burg Lauenstein, der herrlich wiedererstandenen frän=
kisch=thüringer Grenzwarte, seine Huldigung darzu=
bringen. Unter Benutzung der Eisenbahn kostet diese
Seitenschwenkung den Saalthalwanderer einen halben

Tag. Aber er wird dafür auch zurückkehren, reichlich belohnt und den Schatz seiner besten Erinnerungen um ein Erkleckliches fortan vermehrt wissend. Denn seit Wiederherstellung der alten Mantelburg, wie sie noch heute da und dort im Volksmunde heißt, ist Thüringen um eine glänzende Perle reicher. Zu den Schlössern, welche um ihrer Lage, Geschichte und eigenen Schönheit willen bisher der Zielpunkt aller Thüringfahrer waren, zählt seit ein paar Jahren nun auch Burg Lauenstein. Wer sie vom Thale herauf zum ersten Male grüßte, im Sonnengolde eines frischen Morgens, im fluthenden Mondlichte, oder ihren malerischen Aufbau oberhalb des Oberdorfes Lauenstein, aus dem Walde tretend, freudig bewundern durfte, der weiß, daß diese ehrwürdige Kaiserveste wagmuthig mit jedem anderen Glanzpunkte Thüringens heute in den Wettkampf eintreten darf.*)

Die düsteren Schieferbrüche und grauschwarz glänzenden Schutthalden, welche das Grün der Waldbergkulissen sehr oft unterbrechen, leihen dem Loquitzthale streckenweise einen ernsten Charakter. Denn dieses gesammte Gebirgsdreieck zwischen Lehesten, Rennstieg, Gräfenthal und Loquitz wimmelt von Schieferbrüchen. Lehesten, als „Hochschule der Schieferindustrie", besitzt die umfangreichsten und werthvollsten Schieferbrüche Europas. Oberhalb Lehesten, am Fuße des den Renn-

---

*) Näheres über die Landschaft zwischen Burg Lauenstein und Saalfeld siehe: „Thüringer Wanderbuch", 7. Band. (J. C. C. Bruns' Verlag, Minden i. W.)

stieg begrenzenden Berges Wetzstein, liegen die Quell=
fäden der Loquitz. Von da oben kommt der junge
Bach niedergehüpft, immer neue Seitenbäche in sich
aufnehmend, um bald als wasserreicher Fluß jenseits
Ludwigsstadt an Burg Lauenstein vorbei das untere
Thal laut rauschend entlang zu stürmen. Schade, daß
die giftigen Ausflüsse der Schieferbrüche den einstigen
starken Fischbestand der Loquitz und ihrer starken Neben=
bäche vollständig ertödteten!

Von Eichicht aus führt eine gute Straße das
Loquitzthal hinan, die schwarzburgischen Ortschaften
Hockeroda, Unter=Loquitz, Arnsbach berührend, dann,
auf meiningensches Gebiet übertretend, über Ober=
Loquitz nach Probstzella sich wendend. Bei Hockeroda
nimmt die Loquitz die von Leutenberg kommende Sor=
mitz auf. Gegenüber Probstzella öffnet sich der schöne
Zoptengrund, durch welchen ein neues Klingelbähnchen,
humoristisch „Max und Moritzbahn" genannt, in kühnen
Windungen über Gräfenthal nach Lichte=Wallendorf
aufwärts führt.

Wer das Loquitzthal im Bahnzuge aufwärts dampft,
der sollte wenigstens in Probstzella aussteigen, um die
noch einstündige Entfernung bis Burg Lauenstein zu
Fuß zurückzulegen. Denn diese kurze Wanderung wird
gleichsam zum Auftakt, zur Ouvertüre dessen, was wir
dann mit freudigen Sinnen genießen sollen, und wirkt
stimmungsvoller als eine Fahrt bis dicht an den Fuß
des Schloßbergkegels.

Probstzella selbst, vor allem in der Umgebung seines
Bahnhofes, bietet gerade kein anheimelnd=einladendes

Bild. Besonders an Wochentagen nicht, an denen die „Bayern", die gewaltigen Bergmaschinen der über das Gebirge bestimmten Güterzüge, ihre schweelenden Rauchwolken so unfreundlich über das Landschaftsbild dahinprusten. Dies Alles aber tritt bereits nach wenigen Minuten zurück, sobald wir oberhalb des Bahnhofes die Loquitz überschritten haben. Rasch engt sich das herrliche Thal wieder, nur Fluß, Bahngleise und Landstraße Raum gewährend. Zwei zur Rechten an der Berglehne aufragende Hoheitszeichen gemahnen uns, daß wir aus Meininger Gebiet über die Grenze des Bayernlandes schreiten.

Wo ein Stück weiter links der Steinbachgrund sich öffnet, grüßt vorn am Eingang eine Gruppe Gehöfte: Schreiders Hammer, auch wohl der „Falkenstein" genannt: Brauerei, Mühle und eines der liebenswürdigsten und besten Raststätten Thüringens zugleich.

Gegenüber von Schreiders Hammer hebt seitlich der Landstraße ein schmaler Fußpfad an, rasch ansteigend und sich bald zwischen Hochwald und Tannengewirr verlierend, längs der Berglehne immer den Windungen der Uferhöhen folgend. Das dunkelglänzende Tannicht, das so prächtig hier das Unterholz bildet, kennzeichnet bereits den echten Frankenwald. Zuweilen fällt über einen gerodeten Aushau der Blick hinab zur Thalsohle. Deutlicher klingt dann das Rauschen der weißschäumenden Loquitz herauf. Ab und zu ächzt schwerfällig ein Bahnzug hinan. Nur zerflatterndes weißes Gewölk, das zwischen Baumkronen sichtbar wird, deutet uns seinen Weg an.

Ein kleine halbe Stunde Wanderung, dann entläßt uns der Wald. Vor uns aber auf wuchtig auftrotzendem Bergkegel ragt in wahrhaft königlicher Kraft und Schönheit Burg Lauenstein empor, mit ihren Zinnen, Thürmen, Erkern und dem malerischen Wehrgang wie hingebeizt auf blauem Himmelsgrunde erscheinend. Sonnenglanz fluthet um den leuchtenden Bau, zu dessen Füßen, wie Dienerinnen um die Königin, sich die Hütten des Dorfes Lauenstein schaaren. Ein Wasserfall stäubt in der Tiefe glitzernde Silberschleier. Hart ansteigend daneben ernster Bergwald, und dann, allmählich in der Ferne verblauend, Bergzug an Bergzug bis zum Kamme des Rennstiegs. Ein unvergeßlich schönes Bild!

Ueber ein schmales Quellthal schreitend, klimmen wir den Schloßberg auf Zickzackpfaden hinan, mehrmals die Fahrstraße kreuzend. An einem kleinen Bauernhaus vorüber, das, hart an der Felsenkante horstend, mit seiner altväterlich-bäuerischen Einrichtung der luftige Sitz eines Nürnberger Malers ist, dem die künstlerische Ausschmückung des Festsaales im Orlamünder Flügel zur Aufgabe ward, stehen wir bald an der heute festen Brücke, welche zum Haupteingang führt, dessen gewaltiges Thor den rothen kurbrandenburgischen Adler aufgemalt zeigt.

Gegenüber der Brücke erhebt sich neben dem poetischen Burggärtlein der „Burgfried", das in ein treffliches Gasthaus umgewandelte Amtshaus, in dessen behaglich eingerichteten Räumen es sich gut bechern läßt. Sobald wir durch das Hauptportal geschritten sind, neben dem sich die Kastellanswohnung nebst

Glockenthurm befindet, umfängt uns der stille, stimmungsvolle Burghof.

In Stein gleichsam geschrieben, können wir hier die Geschichte des Lauenstein in großen Zügen verfolgen. Gleich zur Rechten erhebt sich noch der Stumpf eines gewaltigen Rundthurmes, den Unverstand und Pietätlosigkeit erst vor einigen Jahrzehnten abtragen ließen. Sein aus Schiefergestein — dem Baugestein dieser ganzen Gegend ringsum! — hergestelltes, sogenanntes ährenförmiges Mauerwerk läßt die Vermuthung festhalten, daß dieser Thurmrest, wie das anstoßende Stück Mauer mit dem gewölbten Thorgang — heute nur noch als reizvoller Aussichtspunkt benutzt, — wohl aus der allererſten Bauzeit herrühren dürfte.

An diese ältesten Baureste stößt der äußerlich schlicht gehaltene Orlamünder Flügel. Offene Säulenhalle und darüber liegende Loggia charakterisiren ihn. An ihn sich anlehnend baut sich der malerisch belebte Thüna'sche Flügel auf, eine Schöpfung der verschwenderischen, kunst- und lebensfrohen Renaissancezeit. Ein sehr wirksamer Wehrgang bildet dann die Verbindung zwischen dem Thüna'schen Bau und dem Thorgebäude.

Kunstvolle Wasserspeier recken als fratzenhafte Ungeheuer sich in den Burghof hinein, in dessen Mitte aus umgrüntem Sandsteinbecken ein Springbrunnen heimlich und melodisch plätschert. Schwalben wiegen sich zwitschernd in der Luft. Hin und wieder knarrt eine Wetterfahne wie im Traume. Zu wunderbarer Wirkung steigert sich das Bild dieses stillen Burghofes, wenn die purpurne Abendgluth um Firste und Thürme

loht oder der Mond drüben über den Bergen langsam
aufkommt und, wachsend an Glanz und Kraft, mehr
und mehr diesen herrlichen Bau in weiches, verwir=
rendes Silberlicht taucht. Dann liegt ein Zauber auf
Burg Lauenstein. Lauter dringt das Rauschen des
Flusses herauf und die schlafenden, dunklen Bergwälder
hauchen uns ihre Nachtgrüße herüber. —

In solch einer Stunde weltflüchtigen Träumens
sang es in mir:

Dich, Lauenstein, trag' ich im Herzen mein,
Bleib' mir von Glück ein Sinnbild treu und rein.
Mit Thurm und Zinnen schaust in weite Fernen,
Blickst aufwärts zu des Himmels ew'gen Sternen.

Was drunten gährt an Menschenhaß und Krieg,
Was kümmert's dich? Bau' auf der Liebe Sieg!
Empor zum Licht! Dort wohnt ein tief Vergessen,
Ein Glück, beseligend und unermessen.

In jenen fernen Tagen, da die Sorben von Osten
her landgierig immer energischer zum Vorstoß anrückten
und Thüringer wie Franken mehr und mehr zurück bis
über den Rennstieg drängten, da wuchsen zur Abwehr
nicht nur längs der Saale eine Reihe Steinvesten em=
por. Auch Burg Lauenstein entstand damals im Loquitz=
thale. Verschiedenen Ueberlieferungen nach war es
Kaiser Konrad I., welcher im Jahre 915 diese Burg
erstehen ließ, die also in nicht mehr allzu ferner Zeit
auf eine tausendjährige Vergangenheit zurückblicken
dürfte.

Recht dunkel und heute fast unentwirrbar bleibt

für uns die früheste Geschichte Lauensteins. Ginge es nach dem alten Chronisten Eccartus, so wäre die Veste anfangs von den Hennebergern bewohnt gewesen. Denn in den „Originibus Thuringiacis" lesen wir, daß im Jahre 945 Graf Poppo I. von Henneberg, Graf zu Lauenstein, in Ludwigsstadt beigesetzt worden sei und zwar in der Marienkapelle, einem ehrwürdigen Rundbau, der heute noch als — Hufschmiede sein Leben fristet. Es muß aber bezweifelt werden, ob dies in der That ein „Henneberger" war. Vielleicht haben sich frühere Geschichtsschreiber durch den Namen Poppo beirren lassen, welcher ja auch den ersten Hennebergern drüben im Grabfeldgau eigenthümlich war. Unter den Karolingern wurde nämlich ein Herzog Poppo zum Markgraf der Sorbenmark erhoben, der in Saalfeld seinen Sitz hatte und — wenn Lauenstein sich damals schon erhob! — auch hier manchmal gelegentlich der Jagd abgestiegen sein mag. Poppo verlor infolge einer unglücklichen Schlacht gegen die Hunnen Ende des 9. Jahrhunderts seine Würde als Markgraf. Burg Lauenstein hingegen soll erst im Jahre 915 erbaut worden sein.

Ist mit den Hennebergern als Burgherrn von Lauenstein nun bereits Herzog Poppo I. gemeint, so ist auch das Erbauungsjahr der Steinveste eher anzusetzen, oder aber es handelt sich um Namens- und Besitznachfolger des in Ungnade gefallenen Markgrafen der Sorbenmark.

Auf Poppo und seine Nachfolger kam dann ein Herrengeschlecht, das, wenn auch nicht bei Besitzergreifung der Burg im Loquitzthale, doch späterhin die Würde der Grafen von Orlamünde trug. Es wird dies im Uebrigen immer einen etwas strittigen Punkt bilden. Ein Theil der Forscher hält an der Ansicht fest, Lauenstein sei erst durch die sogenannte Meranische Erbschaft im 13. Jahrhundert an die Orlamünder gekommen, während wieder andere Chronisten ganz fest behaupten, daß bereits im Jahre 1002 ein Graf Wilhelm von Orlamünde mit reichem Gefolge von Lauenstein herniederritt, dem Kaiser Heinrich II. entgegen, der nun als Gast droben einzog und sich längere Zeit sehr behaglich befunden haben muß, wovon eine Fülle von Rechten und Gnadenbeweisen, welche der hohe Herr verlieh, das glänzendste Zeugniß ablegen.

Lauenstein stammt jedenfalls von Lawen = Löwenstein ab. Der Löwe aber war das Wappenthier der Orlamünder. Bis zu ihrer Besitzergreifung der Veste mag diese als Schutzwall gegen die Sorben vielleicht auch namenlos bestanden haben. Eine neuerdings auftauchende Ansicht hat sogar sehr viel Wahrscheinlichkeit für sich, wonach die Orlamünder nicht späterhin Besitzer von Lauenstein wurden, sondern umgekehrt aus den Nachkommen des Herzogs Poppo I., den Herren von Lauenstein, die beiden neuen Linien der Grafen von Orlamünde und Weimar hervorgingen. Jedenfalls bleibt es ein Irrthum, zu behaupten, daß erst im 13. Jahrhundert die Orlamünder festen Fuß auf Lauenstein faßten, denn bereits im Jahre 1180 ist es ein Graf Siegfried von Orlamünde, welcher urkundlich die um

Lauenstein gelegenen Ortschaften Buchbach, Ebersdorf, Kehlbach, Windheim u. A. dem Kloster vermacht. Das konnte doch nicht geschehen, wenn das Geschlecht nicht Besitzrechte von Lauenstein besaß.

Unter Otto IV. von Orlamünde wurde Ende des 14. Jahrhunderts der heute noch vorhandene „Orlamünder Flügel" hergestellt. Otto IV. starb im Jahre 1400, und sein irdisch Theil wurde in der St. Michaeliskirche zu Ludwigsstadt feierlich beigesetzt, wo sein lebensgroßes Epitaphium noch heute wohlerhalten zu sehen ist. Noch ein Umstand macht diesen Orlamünder bemerkenswerth. Der Ueberlieferung nach soll er der Vater jener unglückseligen Katharina sein, die als „weiße Frau" durch Jahrhunderte hin und wieder schattenhaft in den Schlössern der Hohenzollern aufgetaucht ist, so in Bayreuth, der Plassenburg oberhalb Kulmbach, vor allem im altersgrauen Schlosse zu Berlin. Sie soll dort Napoleon I. erschienen sein, ebenso in der Nacht vor dem Gefechte bei Wöhlsdorf dem genialen Prinzen Ludwig Ferdinand von Preußen im Schlosse zu Rudolstadt. Das hat ihn nach des Volkes Meinung verzweifelt in den Tod getrieben. Auch auf Burg Lauenstein soll der Geist der „weißen Frau" früher des öfteren gesehen worden sein. —

Mit Friedrich IV. erlosch im Jahre 1486 die Linie Lauenstein und mit ihm das gesammte Geschlecht der Grafen von Orlamünde, das außerdem sich noch in die Linien Orlamünde (a. d. Saale) und Plassenburg bei Kulmbach getheilt hatte. Es war ein sehr vornehmes, ritterliches aber auch zur Verschwendung neigendes Geschlecht gewesen. Darum ging auch der letzte Orlamünder arm und verlassen aus der Welt.

Burg Lauenstein war bereits im Jahre 1430 durch Kauf an die Grafen von Gleichen gekommen. Auf diese folgte eine Reihe anderer Besitzer, bis endlich am St. Johannistage 1506 der Freiherr Heinrich Ritter von Thüna als neuer Herr droben einzog. Dieser Besitzwechsel sollte für Lauenstein noch einmal Tage des Glanzes heraufbringen. Sein Sohn Friedrich, Rath und Hauptmann im Dienste Kurfürst Friedrich's des Weisen von Sachsen, ist es gewesen, welcher zu Worms auf dem Reichstage seinem Herrn die Anregung gab, den kühnen Augustinermönch Luther auf der Heimreise nach Wittenberg heimlich aufheben und nach der Wartburg bringen zu lassen. Und als Friedrich von Thüna nach Lauenstein heimgekehrt war, war seine erste That, den katholischen Kaplan fortzujagen, einen evangelischen Pfarrer einzusetzen und damit zugleich die neue Lehre in seinem Ländchen einzuführen. Darum ist dieser nördlichste Zipfel des bayrischen Landes noch heute dem protestantischen Glauben zugethan.

Unter seinem Sohne Christoph ging über Burg Lauenstein ein neuer Stern auf. In aller Pracht und Lebensfreude entstand der schöne Thüna'sche Flügel im Jahre 1551. In den Schlußsteinen des herrlichen Rittersaales ist wiederholt das charakteristische Familienwappen der Thünas, zwei Schafscheeren, nebst Jahreszahlen angebracht. Mit diesem besonders in den Innenräumen reich und edel ausgeführten Bau hat Christoph von Thüna sich und der deutschen Baukunst ein ehrendes Denkmal gesetzt. 1585 segnete er das Zeitliche. Auch er nahm, wie so viele Herren von Lauenstein, seinen letzten Weg nach Ludwigsstadt zu geweihter Stätte. Sein Grabstein ist noch in der St. Michaeliskirche zu finden, die merkwürdiger Weise von allen Erinnerungstafeln der Lauensteiner nur noch die der Erbauer der beiden Hauptschloßflügel aufbewahrt hat.

Im Jahre 1622 überließ Sittig von Thüna für 40 000 Goldgulden den herrlichen Sitz an den Markgrafen Christian von Kulmbach-Bayreuth, einer Nebenlinie der Hohenzollern. Aber die neuen Besitzer waren selbst nur noch während der Jagdzeit Gäste auf der Burg. Im Uebrigen saßen Verwalter droben. So begann dann mit der Vernachlässigung auch leise und heimlich der Verfall. Als 1791 die markgräfliche Linie ausgestorben war, fiel Lauenstein an Preußen und kam durch Austausch 1803 endlich an Bayern. Letzteres setzte nun ein Amtsgericht droben ein. Doch der heiligen Justiz war dies auf die Dauer zu unbequem. Nach dem Gewaltstreich eines tapferen Landrichters, Sondinger geheißen, sah sich die Regierung endlich gedrängt, das Amtsgericht nach Ludwigsstadt zu verlegen. Burg Lauenstein ward verkauft, gerieth in bürgerliche Hände, verfiel immer mehr im Innern und diente endlich ein paar Dutzend ärmlichen Familien, Tagelöhnern und Schieferbrucharbeitern als Aufenthalt. Der herrliche Bau schien dem Untergange geweiht.

Da war es Dr. jur. Ehrhard Meßmer aus Halle, welcher im Jahre 1896 die ehrwürdige Kaiserveste durch Kauf an sich brachte. Und aus halbverschütteter Pracht stieg ein glänzendes Juwel dem fränkisch-thüringer Lande empor! Denn wahr hat der kunstfrohe Mann gemacht, was er über dem Haupteingangsthor als Wahl- und Segensspruch anbringen ließ:

„Dies Schloß — einst eine feste Burg,
Erbaut in Kriegsgefahren —
Fortan als Denkmal deutscher Kunst
Mag Gott es uns bewahren."

Eine Wanderung durch die weitläufigen Hallen und Räume des Schlosses wird zugleich zu einem Gange durch deutsche Kunstgeschichte. Seit langen Jahren hat der neue Burgherr im deutschen Lande und darüber hinaus angesammelt, was nun in reizvoller Anordnung, dem Gebrauche des täglichen Lebens zumeist eingeordnet, das Burginnere schmückt. Und unermüdlich wird weiter geforscht und erworben, Burg Lauenstein zu einem Mittel- und Sammelpunkt alles dessen zu machen, was heute noch verstaubt und vernachlässigt an Kunst und Kunsthandwerk rings das Bergland in seinen Häusern und Hütten birgt. Das Bestreben des Schloßherrn, nur möglichst mit werthvoll Alterthümlichem den Lauenstein wohnlich auszurichten, geht so weit, daß kaum ein Thürschloß droben zu finden ist, das nicht auf Alter und Kunstwerth Anspruch erheben könnte.

Was dem Thüna'schen Flügel so hohen Werth und

Reiz verleiht, das sind die sehr gut erhaltenen Holz-
und Steindecken, welche so recht von dem Reichthum
und der frisch quellenden Schaffenslust der Renaissancezeit erzählen. Auch der äußerlich schlichter wirkende Orlamünder Flügel ward Seitens Christoph's von Thüna
im ähnlichen Sinne neu im Innern hergestellt, hat jedoch späterhin mehr unter dem Verfall gelitten. Wenn
aber erst im unteren Stockwerk der Festsaal mit an-
schließender Kapelle seine künstlerische Vollendung erfahren hat, wird Burg Lauenstein noch eine Zugkraft
mehr besitzen. —

Die Räume des Thüna'schen Baues einzeln zu
schildern, kann hier nicht der Platz sein. Eine gewundene Sandsteintreppe — übrigens ebenfalls eine Sehenswürdigkeit der Veste! — verbindet die einzelnen Stockwerke mit einander. Die herrlichen Kassettendecken
setzen sich bis in's vierte Stockwerk fort und erzählen
recht deutlich, mit welchen Mitteln der lebensfrohe,
prachtliebende Thüna hier einst an's Werk ging und
welche fröhlichen Aufgaben er der Kunst freigebig stellte.
Das dritte Stockwerk enthält unter Anderem auch einen
Kapellensaal, dessen Wände noch Reste von Farb-
malerei zeigen, die Leidensgeschichte Christi darstellend.
Wahrscheinlich hat sie ein unbekannter italienischer
Meister einst geschaffen.

Darunter liegt ein wundervoll in seiner altdeutschen
Stimmung abgetönter Raum, das sogenannte Hirschen-
zimmer. Ringsumher läuft ein alterthümlich geschnitz-
ter Holzfries, Jagdscenen früherer Jahrhunderte in
origineller Weise wiedergebend. Daß nicht eine ein-

zige Schußwaffe in der Fülle dieser Bilder auftaucht, charakterisirt allein schon die Entstehungszeit, abgesehen von der drollig-naiven Art, in welcher der Holzschnitzer die menschlichen Gestalten, der Höhe des Rahmens entsprechend, zur Darstellung brachte. —

Der Glanzpunkt dieses Schloßflügels bleibt jedoch für alle Besucher der im unteren Stockwerke sich hinziehende Rittersaal. Größe und Architektur im Verein rufen eine ganz bedeutende Wirkung hervor. Eine einzige, starke, runde Mittelsäule trägt die nach vier Seiten ausstrahlenden Gewölbe. Es mag in Deutschland wenig Burgen geben, welche eine gleich kühne wie malerisch-graziöse Saalarchitektur aufzuweisen haben wie Lauenstein. Tiefe Fensternischen, ein traulicher Kamin, dies Alles im Verein mit der prächtigen Ausstattung von Schränken, Truhen, Heiligenbildern, Webereien, Waffen, Malereien und einer Fülle kleiner Dinge altdeutschen Kunsthandwerks, leihen dem Saale, trotz der großen Raumverhältnisse, eine anheimelnde Traulichkeit. Hier spielt sich denn auch zumeist das tägliche Leben der Burgbewohner und ihrer Gäste ab.

Eine steinerne Geheimtreppe, in der starken Wandmauer ausgespart, verbindet sämmtliche Stockwerke mit dem Keller, in dem auch eine interessante Folterkammer liegt. Diese Kellergewölbe, ob ihrer gewaltigen Größe muthmaßlich einst als Kasematten für die Burgmannen, die Reisigen benutzt, sind theilweise untereinander gebaut und zeigen den Eingang zu einem leider verschütteten, in den Schloßberg eingesprengten

Geheimgang, dessen Ausgang, der Ueberlieferung nach, drunten im Thale einmünden soll. — —

Dies ist in kurzen Strichen Geschichte und Gestalt der Burg Lauenstein. Wer sie zum ersten Male schaut, der wird stille stehen in Bewunderung, überrascht von dieser Schönheitsperle, die, bisher unbeachtet und halb vergraben, nun in neuem Glanze erstrahlt. Und er wird wieder heim ziehen, das Lob der Veste überall verbreitend.

Wem es aber vergönnt war, als Gast auf der Burg längere Zeit zu verweilen, am flackernden Kaminfeuer im Rittersaale zu sitzen und bei traulichem Wort und gold'nem Wein Scheit auf Scheit verglimmen zu sehen, während draußen der Nachtwind um die Fenster sang, Mond und Sterne über die dunkel aufstarrenden Berge langsam wandelten: der weiß, daß er ein Glück genießen durfte, dessen Erinnern nie mehr auslöschen kann. Dem hat es Burg Lauenstein angethan, und er nimmt die Sehnsucht für immer mit. — —

Wer den Rückweg zum Saalthale nicht die ganze Strecke von Lauenstein aus mit der Eisenbahn zurücklegen will, der wende sich von der Burg aus in's Oberdorf und dann im Bogen um ein kleines Quellthal zur linken Uferhöhe der Loquitz. Wundervolle Blicke auf Schloß, Dorf und Thal begleiten ihn dabei bis zum Eintritt in den tannendurchsetzten Hochwald. Hält man sich nun, die tiefer an der Berglehne hinstreichenden Pfade meidend, auf der Höhe, so erreicht man die Georgshöhe mitten in verträumter Waldwildniß, von wo sich ein schöner Blick auf Probstzella und das untere Loquitzthal erschließt. Dann windet sich der Weg, immer im Waldschatten sich haltend, schließlich immer steiler hinab, um endlich kurz vor Probstzella wieder die Straße zu erreichen. Eine kurze Bahnfahrt führt uns von hier nach Eichicht zurück.

VI.

Von Fichicht bis Saalfeld.

Wer von Eichicht aus einen Bogen, den die Saale hier nach Kaulsdorf-Tauschwitz hin schlägt, abschneiden will, der wandert jenseits des Bahnhofes Eichicht am linken Saalufer den Berg hinan. Der Weg, welcher sich hier emporschlängelt, um jenseits bei Breternitz das Ufer wieder zu erreichen, führt eine Strecke durch malerischen Wald und entrollt außerdem eine Reihe schöner Thalbilder. Bei Breternitz führt ein schmaler Holzsteig bei normalem Wasserstande über den breiten Fluß und endigt an den Hütten von Fischersdorf. Im Rücken dieses heiteren Flußdorfes steigt die zerklüftete, wild umbuschte Kuppe des Gleitsch empor. So schön die unten am Wasser hinführende, dem Felsen abgerungene Straße auch ist, noch schöner und lohnender gestaltet sich eine Besteigung des Gleitsch.

Kurz vor der Kuppe kann man durch ein natür-liches Felsenthor, Teufelsbrücke geheißen, klettern und erreicht nun die Plattform des Gipfels. Uralte Kult-stätte, den Vorfahren einst heilig geweihter Boden, liegt hier vor uns, geheimnißvoll überrauscht von den Wipfeln schattender Bäume. Der gesammte Opferplatz

bildet ein längliches Oval und besitzt von Süden nach
Norden ungefähr eine Länge von 30 m, seine Breite
beträgt 20 m. Der eigentliche Opferplatz befand sich
ehemals innerhalb einer dreifachen Steinumkränzung,
von der jedoch heute nichts mehr zu sehen ist. Eine
eingehende Nachgrabung im Jahre 1831 förderte einen
reichhaltigen Fund zu Tage. Außer Asche, Kohle,
Menschen- und Thierknochen kamen da Waffen, Schmuck-
gegenstände, häusliche Gebrauchsgeräthschaften, Thrä-
nengefäße, Urnen, Amulets, Ringe und sonsterlei zum
Vorschein und bezeugten, daß dieser wilde, einsame
Waldboden eine Leichenbrandstätte aus heidnischer Vorzeit darstellte.

Wen aber der geheimnißvolle Reiz dieser Stätte
nicht recht berühren sollte, der umfasse wenigstens mit
heller Freude, was diese Kuppe (404 m hoch) vorn
von frei vorspringender Felsbastion an Schönheit des
Ausblicks mit einem Schlage dem erstaunten Auge
offenbart. Der Gleitsch ist in landschaftlicher Hinsicht
ein Glanzpunkt ersten Ranges.

In der Tiefe blitzt der silberne Schlangenlauf der
von Waldbergen eingeengten Saale. Stille Siedelungen grüßen an den Ufern. Dahinter neue Höhen, allmählich im Duft der Ferne verschwimmend. Nach
Norden hin aber leuchtet und lacht das sonnige, offene
Saalthal nach Saalfeld, Rudolstadt hinab, goldig schim-
mernd, bewegt und heiter. Hier fliegt der Blick über
den alten Orlagau, dort nach Blankenburg mit der
Ruine Greifenstein, zu deren Füßen Schwarza und
Rinne zusammenfließen. Je nach der Wolken Lauf

und Schattung tauchen immer neue Berge, Städte, Dörfer, Schlösser und Burgen auf, grüßen herauf und verschwinden dann wieder im zitternden Geflimmer der Ferne. Ein Wechselspiel voll Farbenpracht, Lebensfreude und bestrickender Schönheit!

Steigt man jenseits südlich den Gleitsch wieder hinab, so gelangt man zuletzt durch einen umbuschten Hohlweg nach dem Dorfe Obernitz an der Saale. Was hier das Auge sofort fesselt, ist der schöne alte Herrensitz inmitten eines kleinen, wohlgepflegten Parkes. Der Baumeister, welcher einst den Thüna'schen Flügel auf Schloß Lauenstein im 16. Jahrhundert schuf, muß auch hier gewaltet haben. Verschiedene Einzelheiten im Innern zeigen Anklänge an jenen stolzen Bau. Waren doch die Herren von Thüna eine Zeit lang zugleich auch Besitzer von dem kleinen Schlosse Obernitz! Auch dieser Ort ist, wie seine Endung schon verräth, slawischer Abkunft. Bereits im Jahre 1152 saß hier ein Herrengeschlecht von Obernitz, das muthmaßlich einer Linie Derer von Brandenstein entstammte. Späterhin wechseln die Besitzer. Auf die Büttner, von Thüna folgen im 17. Jahrhundert die von Dippach. Als diese aussterben, tritt im Jahre 1785 die Landesherrschaft Koburg-Saalfeld in den Besitz. Heute befindet sich der schmuck wieder hergestellte Edelsitz in den Händen des Kammerherrn von Heyden.

Der Erbauer des Schlößchens war Friedrich von Thüna, Amtshauptmann von Gräfenthal. Eine in die Hofmauer eingelassene Tafel erzählt von ihm und nennt die Jahreszahl 1534. Das Schlößchen, seitdem mehrfach im Aeußern verändert, bietet besonders von der Einfahrt und dem Hofe her ein recht malerisches Bild.

Gegenüber Obernitz ruht Dorf Reschwitz am Fuße dicht bewaldeter Höhen, ein Stück thalauf drüben am linken Ufer Dorf Weischwitz, dessen Kirchlein noch sehr schöne Holzschnitzfiguren bewahrt, die aus der besten Zeit der Saalfelder Schule stammen. Von Weischwitz aus gelangt man bergein auf steilem Wege zum Dorfe Laasen und dem ob seiner weiten Rundsicht ringsum im hohen Ansehen stehenden Laasener Kulm.

Wir aber wandern von Obernitz aus zwischen Felswänden und dem frisch rauschenden Wasser das Thal hinab, das in dieser grünen Traulichkeit und Stille nun bald von uns Abschied nehmen wird. Denn sobald jenseits Saalfeld die grellleuchtenden Kalk= wände einsetzen, umfängt uns eine andere Welt. Die poetische Einsamkeit bleibt zurück. Farbenreicher, von regerem Volksgewimmel durchpulst zeigt sich das Thal.

Gegenüber taucht jetzt über Felsgestein und Baum= wipfeln ein zinnengekrönter Thurm auf. Ueber einen kleinen Seitenarm der Saale schwingt sich, von der Natur gebildet, eine luftige Felsenbrücke. In diesem grünen Gewirr birgt sich das Schlößchen Wetzelstein, ein in den siebziger Jahren entstandener Bau, den sich der Besitzer des ehemals hier bestandenen Alaunwerkes, Dr. von Frege in Leipzig, von dem dortigen Architekten Lipsius aufführen ließ. Das Saalthal empfing mit diesem hellen Burgbau eine Zierde mehr.

Bald ist nun Dorf Ködiz erreicht. Hier wie im

gegenüberliegenden Berggelände bis zu den drei „Gartenkuppen" südwestlich von Saalfeld ist auch uraltheidnischer Boden zu suchen. Die zahlreichen Ausgrabungen aus dieser Gegend sind zum Theil in die Sammlungen nach Meiningen gewandert. Schon im Jahre 1074 geschieht des von Sorben gegründeten Chatizi (Ködiz) urkundlich Erwähnung.

Bei Ködiz weitet sich mit einem Schlage das Thal. Voller strömt die Sonne herein; Schornsteine, Fabrikanlagen steigen vor uns auf. Dahinter ferne, duftverschleierte Höhen! Und jetzt tritt Saalfeld, die „steinerne Chronik Thüringens" hervor. Düster grüßen die schlanken Rundthürme des Hohen Schwarm, nachbarlich des heiteren Schlößchens Kitzerstein. Verwitterte Mauer- und Thorthürme, hohe Satteldächer werden sichtbar; St. Michaelis grüßt herüber. Weiterhin leuchtet das helle herzogliche Schloß, das reizvolle Kirchlein zu Graba lugt dahinter auf, dann liegt die neue Saalbrücke vor uns, welche vor dem Bahnhofe hinein in die ehrwürdige Altstadt von Saalfeld führt.

Sei mir gegrüßt, Saalfeld! Wie oft ich auch durch deine Gassen schritt, deinem Marktplatze zustrebte, dort im alten „Hirschen" behaglich vor Anker zu gehen: immer geschah es mit einem stillen Gefühl der Freude, wie solches im Herzen aufsteigt, wenn man nach längerer Trennung einem guten Freunde die Hand wieder schütteln darf.

Saalfeld ist nicht nur eine architektonisch wie geschichtlich interessante, sondern auch eine heiter-liebenswürdige Stadt. Ihre landschaftliche Lage in dem weitgeschwungenen, höhenumsäumten Thale, das so sonnig in's Herz lacht, stempelt sie dazu. Doch auch die lebensfröhliche Heiterkeit ihrer Bewohner! Es ist dies eine Eigenart der Städtchen im mittleren Saalthale. Saalfeld, Rudolstadt, Jena: sie alle streben nach dem Ruhme, als vergnügt draußen in der Welt angesehen zu werden. Es sind in der That „lustige Städtlein", wie sich vor ein paar Jahrhunderten der wackere Chronist Merian immer so mit Vorliebe ausdrückte.

Jeder echte Saalfelder behauptet in geziemender Bescheidenheit auch von seiner Heimathstadt, daß es nur Ein Saalfeld gäbe. Wer will ihm gram sein, wenn er so vergnüglich singt:

"Su leicht gibbts käne schännre Stadt,
Die su ne schiene Gegend hat
Wie Saalfeld an derr Saole;
Wuhin mär guckt so weit un brät,
Seht märr nor Pracht und Härrlichkät,
Märr kann nischt schännersch male.

Un war dann Ort ärscht besser kennt,
War ärscht bekannt is allerwendt,
Wärd garne bei uns labe.
De Leite su gemiethlich sinn,
Mär mächt gar närgends weitersch hin,
's kann nor ä Saalfeld gabe." — — —

Längst ehe ein Ort Saalfeld sich am Saalufer erhob, ist diese Gegend schon stark besiedelt gewesen. Uralte Wald- und Flurnamen, Kult- und Begräbnißstätten aus vorgeschichtlicher Zeit erzählen auf's Bestimmteste davon. Slaven, Thüringer und Franken drängten sich hier durcheinander.

Der Ueberlieferung nach soll es Abt Lullus, der Säulenheilige von Hersfeld, gewesen sein, welcher den ersten festen Kernpunkt für die Stadt schuf, indem er im Jahre 763 die heiligen Eichen drüben am „Grünen Hain" fällte und auf dieser heidnischen Kultstätte eine mauerumschlossene Kapelle nebst Wohnung für Missionare errichtete.

In den ersten Jahrhunderten deutscher Kaisergeschichte hat der junge Ort gar manch glanzvollen und auch denkwürdigen Tag erlebt. Saalfeld war Mittelpunkt des Orlagaues geworden und hatte eine feste Steinburg, Salvedon oder auch Salaveldun geheißen, erhalten. Daß die Ruine des Hohen Schwarm, fälschlich die Sorbenburg genannt, einen Ueberrest jener ersten Burganlage darstelle, ist eine starke Täuschung. Der Hohe Schwarm mag wohl auf der Stelle jener uralten Veste erbaut worden sein, doch selbst seine Kellereien, als älteste Bautheile, haben nichts mit jenem Bauwerke mehr zu thun.

Als man die raublustigen Sorben mal wieder zurückgedrängt hatte, wurde Saalfeld als Reichsgut erklärt und zur Villa regia erhoben. Graf Poppo, der neu ernannte Herzog der Sorbenmark, wurde als Verwalter und Vertheidiger des Reichsbesitzes eingesetzt. Für den Kaiser entstand ein Palatium, ein Reichspalast. In dessen Mauern fand aller Wahrscheinlichkeit nach im Jahre 876 eine Zusammenkunft der drei Söhne des heimgegangenen Kaisers Ludwig des Deutschen statt,

Karlmann, Ludwig und Karl, um die deutschen Länder gemäß des väterlichen Willens unter sich zu theilen. Wenigstens bezeichnen alte Geschichtsschreiber mit Salefeld und Saalifeld diesen denkwürdigen Ort.

Vor Allem war es die außerordentlich ergiebige Jagd der umliegenden dichten Wälder, welche gar oft die deutschen Kaiser, besonders die waidlustigen Sachsenkaiser, hierher lockte. So war es Heinrich I., welcher als „Städtegründer" auch Saalfeld mit einer Mauer umziehen ließ, auch eine feststehende Besatzung in den jungen Ort hineinlegte. Unter Otto I. sollte Saalfeld der Schauplatz wirklich geschichtlicher Ereignisse werden. Denn hierher berief im Jahre 939 Otto's Bruder, Herzog Heinrich von Thüringen, die ihm zugethanen Fürsten, bewirthete und beschenkte sie reichlich und setzte ihnen seinen verwegenen Plan auseinander, den Kaiser zu stürzen und sich selbst an seiner Statt als Herrscher ausrufen zu lassen.

Kaiser Otto aber erhielt Kenntniß von dem verrätherischen Anschlag. Bei Wesel am Rhein kam es zur Schlacht. Heinrich unterlag und entfloh nach seinem treu gebliebenen Merseburg. Einer nach dem anderen seiner Bundesgenossen war inzwischen von ihm abgefallen. So übergab er sich schließlich der Gnade seines königlichen Bruders. Otto verzieh ihm, doch mußte er Thüringen abtreten. Späterhin erhielt er jedoch das Herzogthum Bayern.

Als sich späterhin auch des Kaisers Sohn Ludolph, Herzog von Schwaben, empörte, bezwang Otto I. auch diesen Rebellen siegreich. Weihnachten 952 war ebenfalls zu Saalfeld der Abfall geplant worden. Hier auch sollte die Versöhnung stattfinden. 954 hielt sich der Kaiser just zur Jagd in Saalfeld auf, als Ludolph eintraf und sich in Büßerkleidung dem Vater reumüthig zu Füßen warf. Otto verzieh großmüthig. Späterhin erhob jedoch der irregeleitete Sohn sich noch einmal rebellisch. Da fuhr der Kaiser wie ein gereizter Löwe auf. Ludolph entfloh nach Italien und ist dort bereits 957 in Vereinsamung gestorben. —

Auch die übrigen Sachsenkaiser, Otto II. und Otto III., hielten sehr oft prächtigen Hof in Saalfeld, das um dieser Auszeichnung willen hohe Achtung in deutschen Landen genoß. Kaiserliche Statthalter saßen hier, sprachen Recht, schalteten und verwalteten. Auch gemünzt ist hier worden. Gar viele der Brakteaten, silberne Hohlmünzen, welche die Bildnisse der stolzen Sachsenkaiser zeigen, sind hier in Saalfeld geprägt worden.

Nach dem Tode Otto's III. kam Saalfeld an den Pfalzgrafen Ehrenfried zu Aachen, einen Schwager des heimgegangenen Kaisers. Der hat hier dann oft residirt. Seine Tochter Richza vermachte späterhin im frommen Eifer die Besitzthümer dem Erzbisthum Köln, nur das „feste Schloß" Saalfeld behielt sie als Wohnsitz bis zu ihrem 1063 erfolgten Tode. Kaiserbesitz war somit Kirchengut geworden. Nur Stadt und Burg scheinen eine Weile noch als „Reichsgut" gegolten zu haben, bis die Kirche völlig die Herrschaft antrat.

Anno von Köln ist es, welcher im Jahre 1071 hier das Cisterzienserstift gründet, aus welchem späterhin die so mächtige Benediktiner-Abtei sich entwickeln sollte. Bergbau und Handel begannen empor zu blühen. Ausgangs des 11. Jahrhunderts wachsen St. Johannis und St. Nicolai, die Siechenkapelle, der Hohe Schwarm empor, auch der erste Rathhausbau, von dem noch einige Theile sich in der romanischen Hofapotheke am Markte verstecken. Und weil Saalfeld ein kostbarer Besitz geworden war, so rangen Reich und Kirche immer wieder um den Besitz, ein blutig Kämpfen, Hin- und Herwerfen, unter dem die Stadt am Meisten zu leiden hatte. Erst als im Jahre 1209 die Grafen von Schwarzburg die Zügel der Regierung ergriffen, trat ein langersehnter Ruhestand ein. Kunst- und Kunsthandwerk erblühen, und als Saalfeld 1389 in den Besitz der Markgrafen von Meißen übergeht, geschieht dies nicht zum Schaden des klugen Gemeinwesens.

So erhielt die Stadt das Recht der Niederjagd und Fischerei. Da mag wohl auch das noch heute bestehende Stadtwappen eingeführt worden sein, zwei den Rücken sich zukehrende Fische (Barben). Auch das Wahrzeichen Saalfelds, das sogenannte „Häringsmännchen", dessen verwittertes steinernes Bildniß man an der Außenseite der Johanniskirche betrachten kann, dürfte darauf hinweisen. Häringe waren einst Fastenspeise. Die Sorben aber nannten boshafter Weise die Thüringer mit Vorliebe „Häringsnasen". Das Häringsmännchen stellt einen Mann mit Tonne, Krebs und Fisch dar, am Hut ein Eichenblatt, wie sich der Jäger solches als Bruch ansteckt. Die kleine Steinfigur dürfte also wohl als eine bildnerische Verherrlichung oben genannter beider Gerechtsamen zu denken sein. —

Die Hofhaltung der Markgrafen von Meißen, späteren Kurfürsten von Sachsen, brachte der Stadt nach außen hin Macht und Ansehen ein. Im Innern aber erwuchs sie an Glanz, Besitz und einem starken Bürgergeiste. Man achtet am Hofe den Rath der Saalfelder, wie man ihre Waffenstärke zu rühmen weiß. Die Kirche aber, in zum Theil bedeutenden Schöpfungen allmächtig emporgewachsen, wirft noch ein ganz besonderes Licht über Saalfeld und leiht der Stadt ein eigenartiges, schimmerndes Kolorit.

Ende des 15. Jahrhunderts gelangte die stolze Benediktiner-Abtei auf die Höhe aller irdischen Macht. Denn im Jahre 1497 war es dem Abte Georg von Thüna, dessen nahe Verwandte Burg Lauenstein zu solch prächtigem Sitz umschaffen sollten, gelungen, von Kaiser Maximilian die Würde eines Reichsfürsten zu erlangen. Es war ein gewaltiger Triumph für die Kirche Roms, ein Rausch, der aber nur zu bald vor dem Ernste der Reformation verfliegen sollte. Denn als die aufrührerischen Bauern heranrückten, floh der Reichsfürst und letzte Abt von Saalfeld, Georg von Thüna, mit seinen aufgeschreckten Mönchen vor ihnen, die Abtei sank in Trümmern, der große Traum war ausgeträumt.

Und doch hatte diese fromme und mächtige Niederlassung viel Gutes und manchen Segen gestiftet! Vor allem war man mit reichen Mitteln bestrebt gewesen, der Kunst immer neue Aufgaben zu stellen. Gerade in der zweiten Hälfte des 15. Jahrhunderts entfaltete die Saalfelder Holzschnitzschule eine bedeutsame Thätigkeit, die sie künstlerisch weit höher denn manche andere stellt. Nicht nur Saalfeld und hundert andere fromme Stätten im Orlagau hat sie mit ihren werthvollen Erzeugnissen geschmückt, noch weit darüber hinaus haben diese damals den Weg genommen. Auch Malerei und Baukunst gingen mit ihr Hand in Hand, denn auch die Stadt war damals bestrebt, durch glanzvolle neue Bauten auch äußerlich ihre Bedeutung und Wohlhabenheit zu bekunden.

Mit der Einführung der Reformation, welche für Saalfeld ziemlich glatt und ohne erhebliche Verwüstungen vor sich ging, veränderte sich doch das Stadtbild. Denn die zahlreichen frommen Gebäude wurden jetzt theils in weltliche Dienste gestellt, verfielen oder wurden abgebrochen.

Während des Schmalkaldischen Krieges hatten die Saalfelder wacker ihren Kurfürsten Johann Friedrich I. mit Geldmitteln unterstützt. Nun mußten sie den schmerzvollen Tag erleben, daß der bei Mühlberg besiegte Fürst als Gefangener durch ihre Stadt geführt wurde. Der arme Kurfürst hat damals am 27. Juni 1547 im Gasthause „Zur goldenen Gans" übernachtet. Der Neubau, welcher sich heute an dieser Stelle erhebt, nennt sich „Goldener Anker", bewahrt aber noch das Wahrzeichen jenes geschichtlichen Hauses sowie eine Erinnerungstafel an den Kurfürsten. Am 14. September 1552 ist dann Johann Friedrich, heimkehrend und befreit aus der Gefangenschaft, mit seiner Gemahlin und dem Erbprinzen wieder in Saalfeld eingezogen und man hat ihm damals einen ebenso festlichen als herzlichen Empfang bereitet. Noch am 4. Oktober berief der Kurfürst eine Versammlung nach Saalfeld ein, um über den Wiederaufbau des niedergelegten Schlosses Grimmenstein zu Gotha zu berathen. Es scheint aber keine rechte Einigung dabei zu Stande gekommen zu sein. Denn erst Ernst der Fromme führte dieses Werk aus, indem er an Stelle des geschleiften Grimmenstein den Friedenstein setzte. Der schwer geprüfte Kurfürst Johann Friedrich hatte bereits am 3. März 1554 das Zeitliche gesegnet.

Man muß damals der Stadt Saalfeld übrigens ziemliche Bedeutung beigelegt haben. Nicht nur, daß man in ihren Mauern wiederholt die thüringischen Landtage abhielt, auch als die Pest in Jena wüthete, ward von 1578—1579 die Universität hierher verlegt, ja, man ging sogar ernsthaft mit dem Plane um, Letztere für immer hier zu belassen. Im Jahre 1571 hatte man Saalfeld auch zur Kreismünzstadt des obersächsischen Kreises erhoben, eine Ehre, welche sie damals nur noch mit Berlin, Leipzig und Stettin theilte.

Eine Auszeichnung war es ferner gewesen, daß Luther nach Einführung der Reformation als ersten evangelischen Prediger keinen Geringeren nach Saalfeld entsandte, als seinen Freund und tapferen Mitstreiter M. Kaspar Aquila. Derselbe hatte auf der Ebernburg längere Zeit als Erzieher der Kinder Franz von Sickingens gewirkt und war dann von Luther nach Wittenberg als Schloßprediger berufen. 1527 traf er in Saalfeld ein, um fortan von der Kanzel der

St. Johanniskirche die neue Lehre zu verkündigen. Auch Martin Luther hat daselbst ein paar Mal auf Durchreisen durch Saalfeld vor einer Festmenge gepredigt. — Fürchterlich hat dann späterhin der 30jährige Krieg Saalfeld mitgespielt und die bisher so blühende Stadt dem Ruin nahe gebracht, so daß viele Bürger zum Wanderstabe griffen. Lagen doch allein im Jahre 1640 drinnen in der Stadt und draußen auf den Höhen 100000 fremde Krieger! Und als endlich die Kaiserlichen Saalfeld verließen, da rückten die „Beschützer" heran, die Schweden, und raubten, mordeten und brandschatzten lustig weiter. Denn zur Zuchtruthe Deutschlands hatten sich die Schweden gewandelt, ebenso schlimm als Kroaten und anderes Gesindel jener Tage, und nur blinder frommer Eifer kann heute noch an der Mär festhalten, daß die Schweden allein für die gute Sache des neuen Glaubens in Deutschland gefochten und gelitten hätten. —

Etwas bessere Tage kamen für Saalfeld langsam wieder empor, als nach dem Tode Ernst's des Frommen seine sieben Söhne sich in das Land theilten und ebenso viele Fürstenthümer daraus machten. So entstand denn auch ein eigenes Fürstenthum Saalfeld und Saalfeld ward zur Hauptstadt erkoren. Auf dem Platze, wo sich einstens die Benediktiner-Abtei erhoben hatte, ward jetzt ein Schloßbau aufgerichtet, derselbe, der heute noch vom linken Saalufer so hell über Parkbäumen niedergrüßt. Als aber Albrecht, welcher Koburg erhalten hatte, starb, ward Saalfeld und Koburg zu einem einzigen Fürstenthum verschmolzen. Und so kam es denn dahin, daß später Fürst Franz Josias seine Residenz endgültig nach Koburg verlegte. Saalfeld war eine trauernde Wittwe geworden. Der siebenjährige Krieg, die französischen Kriegswirren und endlich die harte Napoleonische Zeit schlugen der Stadt wieder neue Wunden. Als dann 1825 das Haus Gotha ausstarb, fand unter den Erben ernestinischer Linie ein Austausch von Ländern statt. Dabei kam Saalfeld endgültig an Meiningen, bei dem es auch bis heute verblieb. Seitdem begann die Stadt sich zu heben, sie wurde eine Industriestadt und auch eine Stadt der Wohlhabenheit und Zufriedenheit.

Wie einst in den Tagen der Renaissancezeit, ehe der 30jährige Krieg mit roher Faust Kunst, Wohlstand und Bildung in Deutschland zertrümmerte, so beginnt Saalfeld auch heute wieder in seinem äußeren Bilde Zeugniß seines Aufschwunges abzulegen. Und mit Verständniß und Achtung hütet es die Denkmale, welche ihm noch aus der Zeit der Vorfahren verblieben sind, den schönen Ehrentitel der Stadt, eine „steinerne Chronik Thüringens" darzustellen, sich zu wahren und zugleich damit die Anziehungskraft immer noch mehr zu steigern. Als Mittelpunkt günstiger Verkehrsverbindungen ist der Stadt ein gütiges Geschick dabei ungemein entgegengekommen. Vieltausende durchstreifen heute mit Andacht die ehrwürdige Altstadt, sinnend angesichts der steinernen Zeugen sich die Geschichte vergangener Jahrhunderte wachzurufen, ehe sie in die grünen Bergwälder hineintauchen, die von allen Seiten so lockend niedergrüßen.

Den schönsten Blick auf Alt-Saalfeld genießt man,

vom Bahnhofe kommend, jenseits der Saalbrücke vom rechten Saalufer aus. Leider hat im Jahre 1880 die alte, malerische Brücke einem stattlichen Neubau weichen müssen. Mit ihr ging auch der Rest der interessanten Gehülfenkapelle dahin, welche sich einst linksseitig auf der Brücke erhob und in früheren Jahrhunderten starke Wallfahrten sah. Ein interessantes und sehr gut ausgeführtes Steinbild, welches sich bis dahin in der Vorderfront der Kapelle eingelassen befand, hat man jetzt über dem Haupteingang von St. Johannis angebracht. Es stellt nach landläufiger Annahme ein Bildniß der heiligen Kümmerniß dar, zu deren Füßen ein Lautenschläger hülfesuchend kniet. Der Sage nach ward der Jungfrau, die man als heilige Kümmerniß späterhin verehrte, ein langer Bart verliehen, um sie in dieser entstellenden Gestaltung vor den Nachstellungen des eigenen Vaters zu schützen. Wer aber dieses Steinbildniß mit ganz unbefangenen Augen betrachtet, kann nichts weiter darin erkennen, als eine treffliche Darstellung Christi. Gesichtsausdruck, Typus, selbst die deutlichen Wundmale an den Händen, alles dieses weist auf den Erlöser hin. Nur der lange, faltenreiche und um die Hüften etwas eingeschnürte Rock hat den Gedanken aufkommen lassen, hier ein Bildniß der Kümmerniß vor sich zu haben. Um der Seltenheit solcher Darstellung Willen hat man es dann auch gern geglaubt und bis heute daran festgehalten. —

Ehrwürdig, geheimnißvoll, wie eine in Stein gefügte Sage, so muthet der Hohe Schwarm an, der eigenartigste Bau Saalfelds, der weit mehr Berechtigung als das harmlose Häringsmännchen besäße, als Wahrzeichen der alten Stadt betrachtet zu werden. Viele Jahrhunderte sind über diese zersprengten Thürme und verfallenen Mauern geweht, die steinernen Zeugen von Saalfelds Geschichte. Und ehe sich dieser Bau erhob, stand muthmaßlich der Reichspalast an seiner Stelle, in dem die heute uns fast überlebensgroß anmuthenden Gestalten der großen Sachsenkaiser ein= und ausgingen. So verknüpft sich für den sinnenden Menschen im Anblick des Hohen Schwarm die Heidenzeit mit unseren Tagen. Die Burg, ein dreistöckiger Bau, bildet ein unregelmäßiges Viereck, dessen abgerundete Ecken ehemals wohl je einen schlanken, hohen Rundthurm trugen. Graben und Wälle umgaben früher die Veste. Ende des 17. Jahrhunderts muß der Hohe Schwarm bereits das ungefähre Bild des heutigen Verfalls geboten haben.

Im schärfsten Gegensatze zu diesem düsteren, phantastisch zerrissenen Bau steht nachbarlich das heitere Schlößchen Kitzerstein, das sich reizvoll über umgrünte Felsen, Mauerwerk und blühenden Büschen und Bäumen am linken Saalufer aufbaut. Auch hier mag wohl ehedem ein älterer Bau gestanden haben, denn alle Chronisten deuten darauf hin. Das Schlößchen in seiner jetzigen Gestalt mit den luftigen Giebelverzierungen stammt jedoch erst aus dem 15. und 16. Jahrhundert. Innen wie außen schmuck hergestellt, dient es heute auf's Neue wieder als traulicher Wohnsitz. —

Durch das freigelegte und mit gärtnerischen Anlagen versehene Saalthor jenseits der Brücke treten wir in die Altstadt ein. An zwei ganz prächtigen, noch aus der üppigen Renaissancezeit stammenden Bürgerhäusern streifen wir hin. Es sind dieses die Stadtapotheke und das Gerdts'sche Wohnhaus, mit dem Kitzerstein drei Perlen Saalfeld's. Auch sonst weist die Stadt noch viele Bürgerhäuser auf, die wenigstens in Einzeltheilen, oft auch nur in der Hoffront, uns von früheren Jahrhunderten erzählen.

Im streng romanischen Gewande stellt sich neben dem „Herrenhause" (dem jetzigen Amtsgebäude) die Hofapotheke dar. Der alte Bau ward in dem großen Brande, welcher 1880 Saalfeld heimsuchte, theilweise ein Raub der Flammen. Auf Anregung und durch Unterstützung des kunstsinnigen Landesherrn erstand aus dem noch vorhandenen Material das hochinteressante Bauwerk noch einmal, jetzt befreit von allen häßlichen und störenden Einbauten und Flicken, welche frühere Jahrhunderte daran verbrochen hatten.

Dicht dabei öffnet sich der geräumige Marktplatz, welcher an der Nordseite von Arkaden begrenzt wird. Gegenüber erhebt sich der architektonisch reich gegliederte Rathhausbau, der im Stil der Frührenaissance in den Jahren 1526—1537 aufgeführt wurde. Auch der Rathhauskeller mit seinen schönen Wölbungen und reichverzierten Schlußsteinen ist eines Besuches werth.

Seitwärts des Marktes, an manch alterthümlichem Hause vorüber, gelangt man zu der thurmlosen Münzkirche, deren hohes Satteldach schon längst uns über den Dächern an der Westseite des Marktplatzes grüßte. Dieser ruinenhafte, mächtige Bau mit seinen umfangreichen Anbauten gehörte einst dem Barfüßerkloster zu

Saalfeld. Heute haben die Bürgerschule und eine — Malzfabrik sich in die Benutzung der weitläufigen Räume getheilt. Da früher einmal ein Theil der Räume einer Münzstätte diente, so hat die Kirche den Namen davongetragen. Die gut erhalten gebliebenen Deckengemälde des einstigen Kirchenschiffes, Kreuzgewölbe wie die Bonifaciuskapelle sind noch immer recht sehenswerth. Im 18. Jahrhundert gedachte der Herzog Johann Ernst von Koburg-Saalfeld den schönen Bau wieder herzustellen. Doch blieb es bei der Absicht. Das Geld mochte wohl nicht ausreichen, und die Zeiten waren auch nicht friedfertig genug. Noch heute bleibt es zu bedauern, daß dieser interessante Bau dem langsamen Verfall preisgegeben ward.

Saalfeld's Stolz ist und bleibt mit Recht seine herrliche Johanniskirche!

Bleibt es auch bedauerlich, daß der einst so reiche Steinmetzschmuck an den Außenfronten des Gotteshauses fast nur noch in Trümmern zu uns spricht, so erhebt uns um so höher das glänzend wieder hergestellte Innere der Kirche. Ein hehrer, weihevoller Raum! In ihren ältesten Theilen stammt die St. Johanniskirche noch aus dem 13. Jahrhundert. Nach dem großen Brande im Jahre 1432 empfing sie dann ihre jetzige Gestalt. Die Vollendung erfolgte 1449.

Draußen an der Kirche erblickt man noch Reste einer Steinkanzel, auf welcher einst Tetzel beredten Mundes Ablaß feil hielt. Auch kann man an der Außenseite das „Häringsmännchen" betrachten — nicht ganz ohne gelinde Enttäuschung. Eine Aufzählung der

Kunstschätze zu geben, welche das Innere des Gotteshauses noch immer birgt, kann hier nicht der Raum sein. Alles vereint sich zu einer wundervollen Harmonie! Und wem es vergönnt war, still im Kirchenstuhle sitzend, dem meisterhaften Orgelspiele des Kirchenmusikdirektors Köhler einmal zu lauschen, der vergißt diese Stunde der Erhebung und Erbauung in St. Johannis zu Saalfeld gewiß nicht wieder. —

Wandert man von der Kirche aus durch das Blankenburger Thor ein Stück hinaus, so erblickt man bald rechts neben der Straße unter Bäumen ein schlichtes, kleines, hellgetünchtes Kirchlein, die Siechenkapelle. Sie bietet dem Besucher nicht viel. Aber sie verdient deßwegen Achtung und Beachtung, daß sie, 1264 erbaut, wohl mit das älteste und ehrwürdigste Bauwerk von Saalfeld darstellt.

Nicht weit von dieser stillen Kapelle leuchtet in der Richtung nach der Saale hin der langgedehnte weiße Schloßbau, ein Hauptgebäude mit zwei Seitenflügeln, das in den Jahren 1676—1679 auf der Stelle errichtet wurde, auf welcher sich einst die so stolze Benediktiner-Abtei erhob. Im schärfsten Gegensatze zu der großen Nüchternheit des äußeren Baues zeigt sich die zum Theil prachtvolle innere Einrichtung und Architektur. Ueppiger Barokstil und sinnlich-heiteres Rokoko wechseln in den einzelnen Schloßräumen. Treppenhaus, Festsäle und die Kapelle, welche deutliche Spuren der 1806 von hier hausenden Franzosen ausgeübten Rohheiten aufweist, lohnen einen Besuch des Schlosses, in dem hin und wieder der kunstsinnige Landesfürst mit seiner

Gemahlin für Wochen Hof hält. Wer einen weiten Blick in das lachende Saalthal genießen will, muß hinan zum Schloßthurme klimmen.

Ein stimmungsvoller Park umschließt die herzogliche Residenz. In einer Ecke, Graba gegenüber, führt eine ganz schmale Steintreppe, Jakobsleiter geheißen, hinab in eine grüne Schlucht, aus der man jenseits dann zum Dörfchen Graba empor steigt. Sein hochgelegener, ummauerter Friedhof mit der angrenzenden Pfarrwohnung und dem malerisch so reizvollen Kirchlein beherrschen die Gegend thalauf und -ab. Der schlank und kühn wie eine Nadel in die Luft greifende Thurm des Gotteshauses, das manch werthvolles Kunstwerk umschließt, ist eine Zierde der Saallandschaft. Hier oben, den Blick hinaus in das sonnerfüllte Thal gewandt, kann man träumen und sinnen, ehe der Weg uns wieder hinein in die Gassen der steinernen Chronik Thüringens führt.

In die golden-violette Abendstimmung hineingerückt bietet diese Landschaft, von hier oben geschaut, ein Bild von wunderreicher Schönheit. Alles Schroffe und Harte scheint sich aufzulösen zu weicheren, milden Formen. Das Tagesfeuer macht einer sanfteren Friedensstille Platz. Aus dem feuchten Wiesengrunde des Thales beginnen leichte Nebel zu erwachen und spinnen leise wehende Schleier über die Niederung und den rasch dahin fließenden Strom, von dessen Silberfläche das Tageslicht Abschied nahm. Auch von den Bergen ist es längst gewichen. Grau, stumpf und todt heben sie sich auf. Grüne Waldinseln liegen wie dunkle Flecken darüber gebreitet. Nur um die Felsgrate und Firsten rinnt zerfließend ein letztes, schwaches Glühen. Nun ist auch dieses entflohen. Seitlich hinter dem Gebirgskamme ging die Sonne nieder. Dort hinten kämpft sie noch im steigenden und wogenden Gewölk. Letzte Feuerbüschel, flammende Lohe schießen auf und breiten sich, um dann auszulöschen, auszuklingen wie ein Lied, das nur einen Tag tönen durfte, wie ein sonniger Menschheitstraum von Glück und Hoffen, der nun wieder sterben muß.

VII.

Zwischen Saalfeld und Rudolstadt.

Wer da einmal Schiffbruch in der Liebe erlitt, der hat vielleicht auch erfahren, daß ein krankes Herz sich niemals leichter einem anderen Gegenstand der Zuneigung zuwendet, als in diesen Tagen wehmüthiger Sehnsucht. Es ist aufnahmefähiger denn sonst und schlürft mit Begier auf Gift das süße Gegengift ein. Auf's Gebiet der Freundschaft übertragen ging es mir in diesen Tagen einsamer Wanderung ähnlich. Ich sehnte mich seit dem Abschiede in Ziegenrück wieder nach Anschluß, nach einer Freundeshand, einem frohen Weggesellen zur Seite.

Und da stand er nun vor mir in der Veranda des „Hirschen" am Markte, breitbeinig, strahlend, vergnügt wie immer, eben dem Omnibus entstiegen und mir die treue Rechte entgegenschwingend.

„Oha! alter Freund! Da sind wir 'mal wieder! Hamburg, Halle, Leipzig, Zeitz — Gott's Dunner! Ich bin froh, daß die Rumpelei nun ein Ende hat. Und was für ein Wetter ich mitgebracht habe! He? Man weiß wahrhaftig nicht, ist's Frühling oder Sommer. Aber 's Herz lacht einem im Leibe. Mein Junge, der

Musikus in Leipzig, läßt auch grüßen. Der singt jetzt! Allerhand Achtung! Die verrückten Frauenzimmer am Konservatorium balgen sich bereits um seine Locken. Bleibt er bei seiner Freigebigkeit, so wird er bald mit mir in scharfe Konkurrenz treten!"

Bei diesen Worten warf er jauchzend den Hut in die Luft, daß der schön gepflegte Spiegel seines Hauptes heiter in der Sonne aufleuchtete.

„Mensch, Du ahnst es nicht, wie ich mich 'mal wieder auf's Wandern freue, 's bleibt doch ein Jungbrunnen für Leib und Seele! Und nun, Herr Oberkellner, geruhen Sie hoheitsvoll mich in meine Räume zu führen. Bitte, nicht zu hoch — Fahrstuhl haben Sie ja doch in Saalfeld nicht — und ein gutes Bett. Zu Mittag stellen Sie eine Erdbeerbowle auf. Die Sache muß begossen werden. Oha! Ab durch die Mittelthür!"

Den Hut schwenkend trollte der gute Freund durch die Thorfahrt in's Haus hinein, der Oberkellner serviettewedelnd voran, ich lachend hinterdrein. Zum Mittag klangen die Gläser fröhlich an, und als der blaue Dampf der Cigarren sich leicht zur Decke ringelte, lehnte sich der Freund behaglich zurück.

„Siehst Du, so liebe ich's. Erst das Eine, dann das Andere und jedem sein Recht. Noch eine Tasse Mokka und dann statten wir dem „Häringsmännchen" einen Besuch ab, klopfen bei unserem prächtigen Orgelspieler im Schatten von St. Johannis an und stellen romanische Betrachtungen angesichts der Hofapotheke an. Den Sonnenuntergang aber sehe ich mir von einem der Thürme des Hohen Schwarm an, wenn er mir nicht beim Hinaufkraxeln zusammenstürzt. Na, profit! Es lebe das Thüringer Land!" — —

Am nächsten Morgen schritten wir zum Blankenburger Thore hinaus aus Saalfeld.

„Ein gemüthliches Nest!" meinte der Wanderfreund. „Drängte die Zeit nicht, ich hätte nicht übel Lust, mich hier noch für ein paar Tage festzulegen. Aber vielleicht ist's auch so gut. Lieber öfter 'mal wiederkommen. Das erhöht den Reiz!"

Er schwang den Stock und zog trällernd unter den Obstbäumen der Straße hin. Wie funkelnde Bajonettspitzen schossen die Sonnenstrahlen zwischen den Wipfeln durch. Morgenthau blinkte an den Gräsern. Hoch in den Lüften wirbelten die Lerchen. Es war ein frisches, fröhliches Wandern. Und bald trat Wöhlsdorf in Sicht.

Der Freund wandte sich plötzlich um.

„Geschichtlicher Boden", sagte er, „über den wir schreiten. Aber im Uebrigen nicht ganz erquickliche Erinnerungen. 's ist nur gut, daß wir auf jene Schwachheit unser 1870 d'raufsetzten. Das hat doch anderen Kern und Klang!" Er blieb links am Wegrande stehen, wo ein schlichter Stein am Straßengraben sich erhebt. „Hier fiel der Prinz und hier haben ihm einige preußische Offiziere 1807 das erste Denkzeichen aufgepflanzt. In der Erinnerung lebt der tolle Liebling der Frauen nun als ein strahlender Held weiter, als der „geniale" Saalfelder, Prinz Louis Ferdinand. Vielleicht ist's gut, daß er fiel. Der Tod löscht Manches aus und macht's vergessen. Vor dem klaren Urtheil der Vernunft und Wahrheit kann er nicht bestehen. Ungehorsam, Leichtsinn, frevelhaftes Spiel mit fremdem und eigenem Leben! Unter dem alten Fritzen wäre er, hätte der Tod nicht das Schlußwort gesprochen, wahrscheinlich seiner Strafe nicht entgangen. Dessen armer Bruder Heinrich ist ja ein Exempel dafür. Denn auf solch leichtfertig Beginnen steht Kriegsgericht — wenigstens, wo es sich nicht um Fürstensöhne handelt. Aber so! Preußen hatte ja keinen rechten König mehr. Alles ging drunter und drüber. Und so wurde Wöhlsdorf das Vorspiel für Jena und Auerstädt. Wahres Heldenthum brachten doch erst die Freiheitskriege wieder. Aus dem Volke erwuchs uns die Kraft und Erlösung. Hier werde ich die Erinnerung an Champagner und Weiberschürzen nicht recht los."

Er schüttelte etwas unmuthig den Kopf, dann setzten wir die Wanderung noch die kurze Strecke fort, bis wo sich an der Straße zwischen hohen, schattenden Bäumen das schöne Denkmal erhebt, welches die Fürstin Luise von Radziwill ihrem gefallenen Bruder setzte. Innerhalb eines Gitters erhebt sich, aus Eisenguß angefertigt, ein obeliskenartiges, altrömisches Mal, das nach Entwürfen von Schadow und Tieck angefertigt worden ist. In einer Vertiefung der Vorderseite erblickt man einen über am Boden liegenden Waffen trauernden Genius. Die Linke hält einen Eichenzweig, während die Rechte zum Himmel deutet. Die darunter befindliche Inschrift lautet:

„Hier fiel kämpfend für sein Vaterland Prinz Ludwig von Preußen am X. Oct. MDCCCVI.

Diese „Ouverture" für Jena und Auerstädt bildet

kein Ruhmesblatt für Preußen noch für den feurig-leidenschaftlichen Prinzen, der, die Wirkung seines Leichtsinnes mit Schrecken erkennend, schließlich im dichtesten Schlachtgewühl den Tod suchte und fand.

Eine lustig verschwärmte und durchtanzte Nacht im Schlosse zu Rudolstadt lag hinter ihm. Dort auch, so erzählt die volksthümliche Ueberlieferung, soll ihm der Schatten der weißen Frau erschienen sein, welche stets den Hohenzollern ein nahes Ende prophezeite. In dieser Erkenntniß habe der Prinz nun an einem gute Ausgang der Schlacht gezweifelt und sich daher freiwillig geopfert.

Prinz Ludwig Ferdinand hatte den Befehl über die Avantgarde des Fürsten von Hohenlohe erhalten, dieselbe am 9. Oktober bei Rudolstadt zusammengezogen und rückte mit ihr am Morgen des 10. in die Gegend von Saalfeld. Da sein Korps nur 8000 Mann umfaßte, der Feind hingegen mit doppelter Streitmacht ihm gegenüberstand, so hatte er den Befehl erhalten, jedem Kampfe auszuweichen. Vereinzelte Geschichtsschreiber vermelden, daß dieser Befehl ihn nicht mehr rechtzeitig in Rudolstadt angetroffen habe.

Dafür aber steht fest, daß der Prinz in völliger Unkenntniß über die Lage von Saalfeld sich befand. Er hatte es nicht für nöthig erachtet, sich am letzten Abend vorher noch in die Karten zu vertiefen. Nach einer genußfrohen Nacht rückte er das Saalthal hinauf. Die Stellung, welche er bei Saalfeld einnahm, war so unglücklich wie nur möglich. Gegen die Ordre nahm er den Kampf an, und als er sich von der Uebermacht des Gegners überzeugt hatte, brach er trotzdem das Gefecht nicht ab, sondern fuhr fort, das Leben der ihm anvertrauten Truppen leichtsinnig auf's Spiel zu setzen. Von diesen Fehlern spricht den Prinzen keine Liebenswürdigkeit noch Genialität frei.

Als sein Korps von den von Gräfenthal herangerückten französischen Truppen (gegen 20000 Mann stark) besiegt und aufgerieben war, faßte den Prinzen die Verzweiflung. Das Gefühl seiner Schuld kam wohl über ihn. Seine sächsischen Husaren vermögen es nicht mehr, den Rest des fliehenden Korps aufzuhalten; die Artillerie versagt, läßt die Geschütze stehen und jagt davon. Eine ungeheure Verwirrung herrscht auf dem Schlachtfelde, Franzosen, Preußen, Sachsen, alles wild durcheinander. Da reißt der Prinz sein Pferd herum und sprengt fliehend durch Wöhlsdorf. Doch sein treues Thier bleibt an einem Gartenzaune hängen. Das wird dem Hohenzollernsohne zum Verderben.

Ein maréchal des logis des 10. französischen Husarenregiments, Guindet geheißen, sprengt heran und fordert den Prinzen auf, sich zu ergeben. Statt aller Antwort zieht der Prinz den Degen. Aus mehreren Wunden blutend und einen tödtlichen Stich in der Brust sinkt er im Sattel zusammen. Sein Adjutant fängt ihn auf und der herbeieilende Hauptmann Valentini findet nur noch einen Sterbenden.

Beide Offiziere suchen in Gemeinschaft mit einem Husaren den Leichnam zu retten. Vergebens! Die Franzosen geben ihn nicht frei. Mit ihm als kostbarste Siegestrophäe ziehen sie am nächsten Tage in Saalfeld ein, am Schlosse vorbei, vor dem die französische

Generalität Platz genommen hat. Erst dann gab der Feind den Todten zurück.

Dieser ist dann einbalsamirt und einen Tag in der St. Johanniskirche ausgestellt worden, wo seine Soldaten weinend von ihrem Führer Abschied nahmen. Denn die Liebenswürdigkeit und Heiterkeit seines Wesens hatte ihm alle Herzen erobert.

Am 12. Oktober setzte man den Sarg mit den irdischen Ueberresten unten in die herzogliche Todtengruft von St. Johannis. Hier hat der „geniale Saalfelder" geruht bis zum Jahre 1811, wo man seine Gebeine nach Berlin überführte. Was der Prinz an Uebermuth und Sorglosigkeit gefehlt hatte, war durch seinen frühen Tod gesühnt worden. Sein Andenken dauernd in der preußischen Armee zu erhalten, empfing ihm zu Ehren im Jahre 1889 das 2. Magdeburgische Infanterie-Regiment Nr. 27 fortan den Namen: „Infanterie-Regiment Prinz Louis Ferdinand von Preußen". —

Der Kampf bei Saalfeld-Wöhlsdorf bedeutet kein frohes Kapitel in der Geschichte Preußens. Und da man nicht einmal so recht von einem Heldentode des Führers reden kann, so fehlt diesem unglückseligen Gefechte auch das Versöhnlich-Ausgleichende. — —

Eine Weile hatten wir an dem von der Morgensonne goldig und frisch beleuchteten Denkmal gehalten und die Blicke über die Landschaft gleiten lassen, die an jenem düsteren Oktobertage so viel nutzlos vergossenes Blut trinken mußte, nun schritten wir quer hinüber zur Saale.

Am linken Ufer liegt die Göritzmühle. Für den

Geschichtskundigen weckt sie ein eigenes Erinnern wach. Denn hier war es, wo Georg von Thüna, der zum Reichsfürsten erhobene letzte Abt der Benediktiner-Abtei von Saalfeld, mit seinen Mönchen im Jahre 1525 über die Saale setzte, fliehend vor dem Ansturm herandrängender Bauernhorden. Nach einigen Chronisten fand er damals rettende Zuflucht bei seinen Verwandten auf Schloß Weißenburg am rechten Saalufer unterhalb Rudolstadt. Doch ist auch nicht ausgeschlossen, daß er den Mönchen nach Erfurt folgte, wo sich der Sitz eines Archidiakonats befand.

Von der Göritzmühle ist nicht mehr weit bis zu der neuen eisernen Brücke, welche hinüber zum Dorfe Remschütz leitet. Drüben, dicht an der Brücke, erhebt sich das freundliche Schulhaus des Dorfes, ein lichter, blumenumzogener Neubau. Entsprechend der Sitte dieser Gegend, prangt auch über seiner Eingangsthür ein sinniger Vers, welcher die zum Lernen Eintretenden grüßt:

„Hell der Kopf
Und fest der Muth,
Fromm das Herz.
Dann steht es gut."

Die Hütten von Remschütz ziehen sich am Fuße des Haideberges hin, über dem ernst und gebietend der Kulm sein bewaldetes Haupt erhebt. Wer die Saale hier entlang wandert, muß auch den 468 m hohen Scheitel dieses Berges erklimmen. Die wundervolle Aussicht, welche sich von dem Thurme des Kulm nach allen Seiten entrollt, macht ihn zu einem Glanzpunkt dieser Gegend und läßt es begreiflich erscheinen, warum er den Saalfeldern so an's Herz gewachsen ist, daß sie allsommerlich hier oben ihr fröhliches Kulmfest begehen und freundnachbarlich auch die Rudolstädter dabei nicht vergessen, denen thüringer Gemüthlichkeit ja Lebens= odem bedeutet.

Dieser so friedfertig=stille Kulm, dessen Hochwald= wipfel hier die Morgensonne rauschend grüßen, dort der verdämmernden Abendgluth sinnend nachzuschauen scheinen, er hat auch seine Stunden erfahren, in denen es weniger friedvoll auf seinem Gipfel zuging. So meldet die Chronik von Saalfeld, daß es sich im November 1588 ereignete, daß ein Beben über den Kulm kam und er auseinander „barst", dabei seine jetzige Gestalt empfangend. Im Jahre 1601, am 8. September, rumorte es noch einmal in dieser Gegend. Ueber Saalfeld kam ein Schwanken, die Kirchthürme wackelten, die Glocken schlugen an, aber unser Kulm hatte es diesmal gut. Er hielt sich wacker und durfte als „unbetheiligter Zuschauer" sich des seltenen Natur= ereignisses freuen.

Vom Dorfe Remschütz gelangt man über die Siedelungen Unter= und Ober=Kulm, dann in schönen Wald hineintauchend, allmählich zur Kuppe des Kulm. Dann hinauf das Thurmgestell. Mit einem Schlage liegt vor uns ein farbenreiches Rundgemälde, das stellenweise fast an Rheinlandschaften erinnert. Das Saalthal hinab schweift das Auge an Rudolstadt, der Leuchtenburg vorbei bis zum Fuchsthurm bei Jena, aufwärts jenseits Saalfeld, bis wo Thüringer= und

Frankenwald zusammenfließen. Prächtig bauen sich die steilen Bergkoulissen auf, aus denen Schwarza und Rinne hervorströmen, am Fuße der Ruine Greifenstein sich vereinen, um mit der Saale sich bald darauf zu vermählen. Dahinter thürmen sich die Bergriesen zwischen Schneekopf und Kickelhahn auf; der charakteristische Singerberg kennzeichnet die Landschaft bei Stadtilm; der sonnige, alte Orlagau breitet sich aus; Dörfer, Städte, Schlösser und Kirchen funkeln wie bunte Farbentupfen auf einer zu unsern Füßen ausgebreiteten, glänzenden Landkarte. Und als Mittelpunkt, um den sich alles drängt, das im Sonnenschein ruhende, thurmreiche Saalfeld, das uns so heiter seine Grüße emporsendet! —

Die Kuppe liegt hinter uns. Zwischen den rothbraunen Stämmen dunkler Fichten geht es sacht abwärts. Eine offene Waldeshalde lacht uns entgegen. Da blühen Blumen in bunter Pracht; Erdbeeren schimmern dazwischen in duftiger Fülle; Eidechsen sonnen sich auf bemoostem Steingeröll, und über diesem fröhlichen Durcheinander leuchten gelbe, stolze Königskerzen zum flimmernden Himmel hinauf.

Wieder tauchen wir in den summenden Hochwald, um nach kurzer Wanderung auf die frei vorspringende Preilipper Kuppe (414 m hoch) herauszutreten und noch einmal uns des zauberhaften Rundblickes — ähnlich wie von der Kuppe des Kulms! — zu erfreuen. Dann geht's in Sprüngen durch Hohlwege, über Wurzelgeflecht und Schutttrümmer thalab, bis der Wald uns entläßt, und die Hütten von Ober-Preilipp vor uns auftauchen. An ihnen hin und noch ein Stück tiefer nach Unter-Preilipp! Dort im Gasthause, aus dessen Garten und Fenstern eine reizvolle Aussicht in das dicht unter uns sich vorüberschlängelnde Saalthal sich öffnet, halten wir Einkehr. Blonde, frische Jugend erquickt uns mit Speis und Trank, plaudert und lacht. Und Zeit und Wellen rauschen dahin, bis Hände und Augen sich zum Abschied finden. —

Von Unter-Preilipp aus klettern wir am Kalksteinhange des Ufers hinab, bis uns die Saale dicht an der Seite ist. Unter Weiden und Erlen geht es thalab. Schilf und Riedgras umrauscht uns, von weißen, großblühenden Winden durchzogen. Sonnenlichter tanzen auf den spielenden Wellen; hin und wieder springt ein Fisch schnellend auf. Ein leichter Nachen gleitet dahin; Libellen huschen auf und nieder und süßer Blüthenduft aus Dolden und Rispen umschmeichelt unsern Sinn. Dazu dieses wundersame Flirren in der Luft! Echte Saallandschaft!

Jetzt treten malerisch zerklüftete Felswände ziemlich dicht an den leis gurgelnden Fluß. Zwischen hin schlängelt sich auf und nieder fallend der schmale Fußsteig. Eine kurze Strecke dieser Kalksteinflächen ist dicht bedeckt mit sehr gut eingemeißelten Namen: Soldaten des 94. und 96. Regiments, die hier im Laufe der Jahre Schwimmunterricht empfingen, haben sich selbst in Lapidarschrift verherrlicht.

Und wieder ein Stück weiter — freundlicher Laubwald überzieht die von verschwiegenen Gängen durchwebte Uferwand — hat Bewunderung und dankbarer

Sinn einem Großen im Reiche der Kunst ein Er=
innerungszeichen geschaffen. Seitdem heißt dieses Stück
der lauschigen Uferlehne: „Schillershöhe!" Kammerrath
Werlich war es, der hier am Westhange des Mühl=
berges diese grüne Anlage im Jahre 1830 schuf und
mit einer Erzbüste des Dichters (nach Dannecker)
schmücken ließ. Schiller hat an diesem Ufergestade mit
Vorliebe gewandelt. Hier empfing er wohl auch die
Anregungen und Bilder zu seinem „Spaziergang". Die
Inschrift unter der Kolossalbüste des Dichters zeigt
darum auch den Schluß jenes unsterblichen Gedichtes:

„Bin ich wirklich allein? In deinen Armen, an deinem
 Herzen wieder, Natur, ach! und es war nur ein Traum,
Der mich schaudernd ergriff; mit des Lebens furchtbarem Bilde,
 Mit dem stürzenden Thal stürzte der finstre hinab.
Reiner nehm' ich mein Leben von deinem reinen Altare,
 Nehme den fröhlichen Muth hoffender Jugend zurück.
Ewig wechselt der Wille den Zweck und die Regel, in ewig
 Wiederholter Gestalt wälzen die Thaten sich um.
Aber jugendlich immer, in immer veränderter Schöne
 Ehrst du, fromme Natur, züchtig das alte Gesetz!
Immer dieselbe, bewahrst du in treuen Händen dem Manne,
 Was dir das gaukelnde Kind, was dir der Jüngling vertraut,
Nährst an gleicher Brust die vielfach wechselnden Alter;
 Unter demselben Blau, über dem nämlichen Grün
Wandeln die nahen und wandeln vereint die fernen Geschlechter,
 Und die Sonne Homers, siehe! sie lächelt auch uns." —

Vom Uferrand der Schillershöhe gelangt man
über einen schmalen, die Saale überbrückenden Holz=
steig hinüber zum Dorfe Volkstedt, das durch den

Aufenthalt Schillers einen Namen in der deutschen Litteraturgeschichte empfangen sollte. Im Jahre 1788 hatte der Dichter vom 21. Mai bis zum August zum ersten Male hier geweilt, das nächste Jahr sah ihn hier noch einmal im September und Oktober. Aber auch während seines späteren Aufenthaltes in Rudolstadt ist er noch gar manchmal und gern hierher gewandelt, die alten Lieblingsstätten aufzusuchen, deren Landschafts= zauber seinem Schaffen so fruchtbare Anregung gegeben hatte, hier, wo er die schönste Zeit seines Lebens, seinen holden Liebesfrühling genießen durfte.

Jene still=friedlichen Tage, wie sie Schiller hier einst noch in Beschaulichkeit und dörflicher Abgeschieden= heit durchlebte, sind freilich auch für Volkstedt, das heute einen starken Stich in's Sozialdemokratische zeigt, längst dahin. Auch hier ging die Zeit mit ihren ge= waltigen Wandlungen nicht spurlos vorüber. Das Haus, in welchem Schiller damals beim Kantor Un= behaun wohnte, hat ein neues Gewand angezogen. Eine Gedenktafel erinnert an des Dichters Weilen hier, und im Schillerstübchen ist auch noch sein Schreibtisch zu sehen.

Die ländliche Stille erwies sich damals segensreich an Schiller. Hier schrieb er an seiner geschichtlichen Studie, dem „Abfall der Niederlande". Hier entstanden „Die Künstler", „Die Götter Griechenlands", das so fein abgetönte und wundersam verklärte Gedicht „Der Spaziergang"; hier empfing der Dichter die ersten Ge= danken zu seinem unsterblichen Liede „Die Glocke". Die Glockengießerei, in welcher er seine praktischen

Studien dafür machte, besteht noch heute in Volkstedt und zählt mit zu den ältesten Werkstätten dieser Art in Thüringen. Ungemein muß es dem Dichter in Volkstedt behagt haben, denn immer wieder und noch in späteren Jahren schwärmt er von dem „Rudolstädter Sommer", dessen Erinnern ihm, dem einfachen, großen Manne, die Liebe mit Goldglanz durchwebt hatte.

Freilich, die Entstehung der „Glocke" sollte nicht in Volkstedt vor sich gehen. Als ein echtes Meisterwerk bedurfte es der Jahre, um Plan und Ausführung vollständig ausreifen zu lassen. „Lange Jahre", so schreibt der letzte Enkel Schillers, Alexander Freiherr von Gleichen-Rußwurm, „trug Schiller den Gedanken in sich, eine poetische Parallele zwischen der fortschreitenden Arbeit des Glockengusses und den Wechselfällen unsers Daseins zu ziehen, bei welchen ‚selbst herzlos, ohne Mitgefühl' die eherne Stimme aus der Höhe erschallt".

Karoline von Wolzogen erzählt, daß Schiller auf seinen Spaziergängen mit den Schwestern von Lengefeld zwischen Volkstedt und Rudolstadt gar oftmals von dem Plane dieses Gedichtes gesprochen habe und alle gemeinsam wiederholt die Glockengießerei besucht hätten. Wie hier der Dichter scharfen Auges den praktischen Hantierungen des Meisters und seiner Gesellen folgte, so suchte er dann aus Küritzens Encyklopädie theoretische Kenntnisse zu gewinnen. Doch sollten neun volle Jahre vergehen, ehe sein Glockenguß vollendet war.

Am 7. Juli 1797 schreibt Schiller an Goethe über seine Dichtung: „Das Gedicht liegt mir am Herzen; es wird mir aber mehrere Wochen kosten, weil ich so viele verschiedene Stimmungen dazu brauche und eine so große Masse zu verarbeiten ist." Am 30. August desselben Jahres theilt er dem Freunde mit, daß er die Stimmung noch immer nicht gefunden habe, und daß „die Glocke noch lange nicht gegossen sei", worauf er im Herbst noch verschiedene Male davon berichtet, da Goethe ein besonderes Interesse für diese Arbeit ihm zu erkennen gegeben hatte. Und als im nächsten Jahre der leidende Dichter dem großen Freunde abermals dieselbe Klage ertönen läßt, tröstet dieser in einem Briefe nach Jena: „Die Glocke müsse nun um so besser klingen, als das Erz länger im Fluß erhalten und von allen Schlacken gereinigt sei."

Im Jahre 1799 kehrte Schiller für kurze Zeit in Rudolstadt ein und besuchte auch noch einmal die Glockengießerei zu Volkstedt. Und siehe, jetzt hatte er die rechte lyrische Stimmung gefunden! Als der Herbst über das Land zog, war das herrliche Werk vollendet, von dem Wilhelm von Humbold schrieb: „In keiner Sprache ist mir ein Gedicht bekannt, das in so kleinem Umfange einen so weiten poetischen Kreis eröffnet, die Tonleiter aller tiefsten menschlichen Empfindungen durchgeht und auf ganz lyrische Weise das Leben mit seinen wichtigsten Ereignissen und Epochen wie ein durch natürliche Grenzen umschlossenes Epos zeigt." Der Musen-Almanach des Jahres 1800 brachte dem deutschen Volke „Die Glocke", eine der ergreifendsten Schöpfungen Schillers, welche mithin jetzt auf ein hundertjähriges Jubiläum zurückblickt. — — —

Für die Industrie Thüringens besitzt übrigens

Volkstedt im gewissen Sinne noch eine klassische Stätte. Das ist die älteste Porzellanfabrik im Orte. In ihrer Firma „Macheleidt, Triebner & Co." ehrte sie in dem Namen Macheleidt den Mann, welcher im Saalthale das Porzellan entdeckte, ungefähr um dieselbe Zeit, da droben am Rennstieg dem intelligenten Greiner, dem Säulenheiligen von Limbach, ein gleiches Glück lächelte. Denn Gold gewinnen, Porzellan erfinden, das lag im vorigen Jahrhundert gleichsam in der Luft. Nüchterne Pietätlosigkeit hat in jüngster Zeit nun auch im Firmen= schilde der Mutterfabrik zu Volkstedt die letzte Ehrung des verdienten Mannes ausgetilgt.

Von Macheleidt erzählt die Ueberlieferung Folgen= des: Er war der Sohn eines Laboranten (Arzenei= anfertiger, welche als Olitätenhändler, Balsamträger, auch Königseer genannt, die Welt durchzogen) aus Kursdorf oberhalb des Schwarzathales. Da durfte es nicht Wunder nehmen, daß Macheleidt neben der Theologie auch ein Stück Chemie mit in Jena studirte. Als er nun Kandidat geworden war, benutzte er die freien Stunden, um weit in die Umgebungen hinaus den Sandstein zu untersuchen, zur Porzellangewinnung brauchbares Steinmark zu finden.

Es wird nun berichtet, daß er an einem Sonntage, da er früh seine 99. Predigt gehalten habe, am Nach= mittage bei Königsee einen Sandfelsen entdeckte, von dessen Gestein er sich hocherfreut alle Taschen füllte und mit nach Hause nahm. Etwas davon füllte er auf seine Sandstreubüchse, mit dem anderen Theil stellte er Versuche an, welche gelangen, so daß damals der

Volksmund behauptete, Macheleidt habe das Porzellan in seiner Streusandbüchse entdeckt.

Nach gelungenen Vorprüfungen baute sich also der Herr Kandidat in Schwarza einen kleinen Brennofen, verpflichtete sich, auf der Geheimhaltung seiner Erfindung hin, Arbeiter und begann nun Porzellan herzustellen. Das war im Jahre 1760. Diese Erfindung erregte begreifliches Aufsehen im Schwarzburger Lande. Es bildete sich bald eine Aktiengesellschaft, an deren Spitze sogar der Landesfürst trat. Sie erhielt ein Privileg auf 1000 Klafter Holz. Als technischer Leiter ward Macheleidt angestellt, welcher der Theologie inzwischen Lebewohl gesagt hatte. Alles ging gut, bis ungetreue Arbeiter eines Tages das abgelauschte Geheimniß der Glasuren doch verriethen. Für den Erfinder war nun keines Bleibens mehr. Auf's Tiefste verletzt, wandte er Volkstedt und der Porzellanfabrik den Rücken und zog sich grollend nach Schwarzburg mit einem geringen Jahresgehalt zurück. Auf dem Trippstein dort hatte er sich ein kleines, schlichtes Luginsland errichtet und damit zuerst die Aufmerksamkeit auf diesen wundervollen Punkt gelenkt, welcher seitdem einer der gefeiertsten Wallfahrtsstätten im Thüringer Lande geworden ist. 1801 schloß der einstmalige alte Kandidat Macheleidt die Augen zum letzten Schlafe.

Seine Fabrikgründung aber blühte immer kräftiger empor. Das thüringer Porzellan (Porzellin oder Porzellän damals geheißen) stand in früheren Jahren noch hoch im Preise und schien nur für den Gebrauch der Reichen bestimmt. Bürgerliche und bäuerliche Haushaltungen bedienten sich noch des Geschirrs aus Thon, Holz oder Zinn. Dafür gewann sich die neue Erfindung immer neue und weitere Absatzgebiete im Auslande. Die Porzellanfabriken in Thüringen feierten hohe Festtage. Der Fabrikherr in Volkstedt hatte aus seinen Arbeitern ein uniformirtes Musikkorps gebildet, das jedes Tagewerk mit einem lustigen Zapfenstreiche beschloß. Von der Herstellung des Geschirrs wandte man sich dann auch zu den Pfeifenköpfen. Einen schön bemalten „Stummel" zu besitzen, war ehedem für jeden Raucher im gewissen Sinne Ehrensache. Durch Einführung der Cigarre ist jedoch der Geschmack an der Pfeife und das Frohbehagen an einem hübschen Pfeifenkopf arg geschwunden. Seitdem haben sich die künstlerisch strebenden Fabriken auf die Erzeugnisse von oft sehr kostspieligen Nippessachen geworfen. Eine Eigenart der Fabrik in Volkstedt war bisher auch die Herstellung von Weihgefäßen mit Figuren aus der biblischen Geschichte. Das uniformirte Musikkorps ist längst schlafen gegangen. Unsere Neuzeit in ihrer erschreckenden Nüchternheit ist solchem mehr fröhlich-poetischen Ausgestalten des Alltagslebens nicht zugethan. — —

Wandert man von Volkstedt aus die Landstraße am linken Saalufer thalab, so gelangt man rasch nach Rudolstadt, dessen hoch auf dem Hain thronendes, gelbleuchtendes Fürstenschloß uns schon längst aus der Ferne grüßte. Gleichsam vor dem Thore der schwarzburger Hauptstadt bauen sich die umfangreichen, stolzen und zum Theil künstlerischen Anlagen des durch seine „Anker-Steinbaukasten" zuerst bekannt gewordenen genialen Unternehmers, des Kommerzienraths Richter, auf. Sein von ihm geschaffenes Rudolbad bildet durch den Aufwand von Kunst und wahrhaft verschwenderischer Pracht eine Sehenswürdigkeit des neuen Rudolstadt.

Die schmucke Hauptstadt des schönen Landes Schwarzburg ist eine der liebenswürdigsten und heitersten Städtchen Thüringens überhaupt. In seiner vielfältigen Eigenart, wir kommen noch darauf zurück, duldet es auch keinen Vergleich mit anderen thüringer Orten. Der echte Rudolstädter in seiner Sprache, seinen Gewohnheiten, seinen Vergnügungen und seiner ganz besonders ausgeprägten Naturfreude, nimmt eine Ausnahmestellung ein. Humor und Lebensfreude, Sangeslust und Uebermuth fanden hier immer Heimathrecht. Rudolstädter Gemüthlichkeit ist weit herum bekannt. Wie seine Volksfeste so erscheint auch der echte Rudolstädter gleichsam stets umwallt von dem Opferrauch, dem Weihrauchsymbol seiner geliebten Rostbratwürste. Die Rostbratwurst ward das Leitmotiv seines stillvergnügten Lebens. Sie ist einem echten Rudolstädter mehr werth als Goethe's ganzer „Faust". Kunst und Litteratur, soweit sie nicht seine Rostwurst, den Gipfel idealen Genusses, feiern, bleiben ihm zumeist Klingklang, Schall und Rauch. Ihr Anblick entlockt ihm ein seliges Lächeln. Vom Knaben bis zum Greise verschönt sie ihm die Feste und schafft ihm erhebende Feierstunden. Gälte es dem Erfinder der Rostbratwurst ein himmelragendes Marmordenkmal zu setzen, die Summe wäre längst überzeichnet, während die Mittel für ein schlichtes

Denkmal für Sommer, den Dichter der „Rudolstädter Klänge", der als Garnisonprediger 1888 in Rudolstadt starb, nicht zusammen kommen wollen. Und doch sollte nicht nur Rudolstadt, sondern das ganze Land Schwarzburg stolz auf diesen Mann sein, der in gut heimischer Mundart und voll klassischen Humors Rudolstädter Menschen und Eigenart so köstlich schilderte, der Vieltausenden das Herz warm gemacht hat, der dem Auge Thränen zu entlocken vermocht hat, wie sie nur wahrhaft goldener Humor zu entlocken versteht, der auch dann noch fröhlich weiter sang, als die oberste Kirchenbehörde — welche bis heute pfarrlichen Musenklängen unhold blieb! — die Stirn finster runzelte, weil er wußte, daß ein gerechter und menschlich fühlender Fürst schützend hinter ihm stand. Und wie manchem verdüsterten Gemüth goß er Sonnenschein, Hoffen und Lebenslust wieder in die Seele!

Von dem einstigen Alt-Rudolstadt ist im äußerlichen Bilde bis auf ein paar Bürgerhäuser und Profangebäude herzlich wenig mehr zu spüren. Verheerende Brände, Alter und jetzt das Bestreben, dem so heiter gelegenen Hauptstädtchen, das wächst und sich dehnt, ein immer moderneres Gewand zu verleihen, haben mit Alt-Rudolstadt fast ganz aufgeräumt. Als ich vor einem Vierteljahrhundert zum ersten Male die damals noch recht stille Stadt betrat, zogen sich quer über die Straßen starke Taue, an denen die Oellampen baumelten. Als ich wiederkam — war alles leer! Aber auch ein Anderes war verschwunden: das so stimmungsvolle, interessante und theilweise künstlerisch bedeutsame Alt-

Rudolstadt der Todten, der wundersame Gottesacker an der Garnisonkirche. Letztere war wegen Altersschwäche abgebrochen. Anstatt aber die herrlichen alten Epitaphien und Leichensteine als künstlerisches Vermächtniß früherer Jahrhunderte pietätvoll irgendwo zur Erinnerung, als eine Sehenswürdigkeit Rudolstadts gesammelt zu bergen, ließen Unkenntniß und Gedankenlosigkeit es zu, daß man diese stummen Zeugen aus Rudolstadt's alten Tagen nach Nürnberg in's Germanische Museum schleppte, wo sie nun in einem Hofe eine höchst unbeachtete Rolle spielen. Ob ein Erlös dafür erzielt worden ist, ist mir nicht bekannt geworden. Jedenfalls würde es mich nicht wundern, wenn man damit ein Volksfest mit Rostwürsten in Scene gesetzt hätte. Mit den Gebeinen der armen Todten auf dem Garnisonkirchhof ging man aber noch lustiger um, unbeschadet um das schmerzlich verletzte Empfinden so manches still gläubigen Gemüths, das mit fröhlichem Kinderglauben bis dahin noch an „ewiger Ruhe" festhing. Man warf das arme, dürre Gebein aus den Gräbern und führte es hinaus zum Bahnhof, dem Platz davor einen hübschen, festen Untergrund zu geben. Derselbe heißt denn auch seitdem im Volksmunde die „Knochenwiese". Die Zahl der stillen Freunde für Leichenverbrennung ist dafür in dem „gemüthlichen" Rudolstadt recht aussichtsreich gewachsen. — —

Wie das bunte und rege Bahnhofstreiben sich auf einem Todtenacker abspielt, so umwittert auch das berühmte „Zwackessen" Rudolstadt's ein wenig dieser fatale Hinblick auf das Ende aller Dinge, denn irr' ich nicht, ist dieses volksthümliche Fest aus dem Schooße der Leichenkommunen hervorgegangen. Das hindert aber die wackeren Konzertesser durchaus nicht, bis zum Uebermaß sich das Ränzlein vollzuschlagen, in die Taschen zu stecken und zuweilen auch den draußen harrenden Kindern außerdem noch Körbe und Schüsseln zu füllen. Achtunggebietende Eßerfolge sollen bei diesem „Zwackessen" schon erzielt und beobachtet worden sein. Dasselbe verdankt seine Entstehung dem Wunsche, daß einmal im Jahre (zur Kirmeßzeit im Spätherbst!) alle Stände sich sollten bei einem guten und vor allem reichlichen Mahle unter Aufhebung aller Unterschiede echt menschlich zusammenfinden. Vom Minister bis zum Todtengräber! Allmählich aber gelangte man doch wieder mehr „unter sich" und konnte nun ungenirt dreifache Klinge beim Festmahle schlagen, das im übrigen noch echt Rudolstädter Sitte und Eigenart wiederspiegeln soll.

Für mich ist der liebenswürdigste Zug im Charakter der Rudolstädter die wahrhaft rührende Liebe zur Natur. Besitzt der wohlhabende Rudolstädter an dem waldumrauschten Berghang des Hain, auf dem die Heidecksburg so mächtig thront, oder den nachbarlichen Bergzügen ein mehr oder minder schmuck ausgestattetes Gartenhaus mit entzückenden Blicken das Saalthal auf und nieder, so nennt wohl fast ein jeder echte Rudolstädter, ob arm oder reich, eine „Tränke" sein Eigen. In seiner Tränke verdichtet und verkörpert sich für ihn ein Stückchen Goldglanz seines Lebens, Jugendpoesie mit Robinson-Anklängen, Naturbegeisterung; die Tränke

ist sein Ruhehafen nach redlicher und oft harter Werk=
tagsarbeit, das Sehnsuchtsziel all die Wochentage hin,
wohl auch, ihm oft unbewußt, sein stiller Tempel, in
welchem er angesichts der Natur freundlicheren und
versöhnlicheren Stimmungen wieder Raum und Recht
gewährt, als solche der Alltagskampf zuläßt.

Wohl hunderte von Tränken verstecken sich in den
Bergwäldern und Thälern seitlich Rudolstadt. Was eine
Tränke bedeutet und darstellt, das weiß nur der,
welcher Rudolstadt und seine Eigenart kennt. Die
alten, echten Tränken liegen alle an einem fließenden
Wässerchen, einem Waldquell, denn sie sind hervor=
gegangen aus den altthüringischen Vogelherden, deren
Poesie unbestritten bleibt, wenn auch der Naturfreund
nicht dankbar genug sein kann, daß die thüringer Regie=
rungen — zuletzt entschloß sich Meiningen dazu! — diesem
Massenfange und =morde endlich ein Ende bereiteten.

Trotzdem entdeckte ich im Spätherbst 1899 auf dem
Quittelsberge, hoch über Schwarza und Sorbitz, einen
stattlichen Vogelherd, frisch mit Ebereschen und Wach=
holderbeeren bedeckt. In den „Erinnerungen eines
alten Thüringers" wird die Errichtung einer solchen
Fanganstalt sehr eingehend beschrieben. „Sie wurde
gewöhnlich", heißt es da, „auf einer grünen, von
Tannen und Fichten umschlossenen Waldwiese errichtet.
Zuerst ebneten wir hier einen Platz, der etwa acht
Schritt in der Länge und drei Schritt in der Breite
maß, an der Vorderseite gerade abschnitt, in der Rück=
seite aber einen spitzen Winkel bildete. Den inneren
Raum besetzten wir mit kleinen Tannenbäumchen und

behingen sie mit rothen Beeren, brachten dazwischen auch Rasentische an, auf denen wir zahme Vögel zum Locken der wilden mit Bändern, sogenannten Läuferzeugen, anbanden. Dann wurde ringsumher in einem Graben das Schlaggarn eingelegt, das so eingerichtet ist, daß es sich auf einen Ruck auf vier Arme (Schlagstecken) erhebt und über den ganzen Platz wie eine durchsichtige Hülle zusammenschlägt; hinten aber hat es einen Zipfel, in den die gefangenen Vögel hineingejagt und wo sie ergriffen werden. War diese Haupteinrichtung vollendet, dann wurden um den Garngraben her als dessen Umzäunung dünne Stangen gebunden und das Ganze äußerlich mit zehn bis zwölf Fuß hohen grünen Tannen und Fichten umstellt.

„Hierauf richteten wir die Antritte, d. h. die von allem Laube entblößten hohen Bäume ebenfalls außerhalb des Herdes auf, die dazu dienen, daß die Zugvögel, wenn sie ankommen, sich zuerst darauf niederlassen und sich von da herab die reizende Lockspeise besehen können. Bisweilen thun sie das zum Aerger des Voglers zu lange, denn sie sitzen wie bezaubert von dem Gesange, den zu einer Zeit, wo sonst kein Vogel mehr singt, die versteckten Lockvögel ertönen lassen, und die nun ein wahres Frühlingskonzert anstimmen, weil sie den Frühling und Sommer über in halb verhangenen Käfigen gesessen haben. Die Hütte, von wo aus die Zugleine gezogen wird, bauten wir immer zuletzt; sie wurde halb in die Erde gegraben, mit Bretterwänden und Bretterdach umzogen und von außen mit Tannenreisig bedeckt.

„Oh! Wie oft habe ich hier herzklopfend bei einem Feuerchen von Schmiedekohlen gesessen, wenn auf einmal mein Meister, der beständig an einem der Gucklöcher die Vögel beobachtete, mir mit der rückwärts gestreckten Hand andeutete, ich solle ganz todtenstille sein, weil er aus dem Gesang der Locker richtig schloß, daß ein Zug Drosseln oder Finken im Anmarsch sei, und dann durfte ich, sein kleiner Gefährte, auch an ein Guckloch schleichen."

Die eigentlichen Vogelherde mußten dem Gesetze des Vogelschutzes weichen, doch die Hütten neben den Tränken blieben und nahmen nun selbst diesen Namen an. Das idyllische Familienleben, welches sich in ihnen fortan mit guten Freuden vereint sommerlang entfaltete, spornte zur Nachahmung an. Und so wuchsen allmählich Hunderte solch kleiner Robinsonaden in der Umgebung Rudolstadt's empor, tief in Wald und Schlucht versteckt, an den Berghängen so festnistend, ein sommerliches Puppenheim in seiner Enge, Niedrigkeit und Anspruchslosigkeit. Beamte, Kaufleute, Handwerker und Arbeiter pilgern mit Weib und Kind oft schon im Morgendämmer hinaus, wenn noch die verblassenden Sterne am Himmel stehen, nur, um dem Erwachen des Waldes, der Vogelwelt zu lauschen, von freier Bergeslehne dem Aufrauschen der Sonne zuzujauchzen. Wo kein naher Quell Wasser giebt, hat man sich solches mitgebracht. Ein kleiner Ofen oder eine steinerne Feuerstelle vor der Thür ist überall zu finden. Da wird dann Kaffee gekocht, die schlichte Mahlzeit hergerichtet, die altheimische Bratwurst geröstet. Da wird gezimmert und ausgeflickt an dem niedrigen Bau oder draußen innerhalb des kleinen Reiches Sitze und Lauben verfertigt; Spiele, Ausflüge in die Umgebung schließen sich an. Manchem Arbeiter seine Tränke, welche draußen abseits des Waldes liegt, nur ein winzig Stück Land umschließt, bietet wohl auch Gelegenheit, ein Kartoffelbeet anzulegen. Ein paar Bäume dazu, ein Moos- oder Steinsitz, Laube mit Bänken und die mit Theerpappstreifen bedeckte Hütte — sie ist sein Himmelreich auf Erden. Je enger die Hütte, um so traulicher, anheimelnder das Leben darin. Einige Bilder, ein paar Bücher, Kochgeschirr, Handwerkszeug, ein wenig Vorräthe von Lebensmitteln und Getränken, schlichte Möbelstücke bilden die Einrichtung. Hart aneinander gerückt sitzt man zur Mahlzeit da drinnen oder wenn draußen ein Wetter niedergeht und freut sich innig des Geborgenseins im eigenen Raum, fern der Stadt, fern aller täglichen Dinge. Die Poesie der Tränke schließt ein gut Stück Romantik ein. Wer erst den Stimmungshauch dieses frischen, freien, ungekünstelten Tränkelebens erfahren hat, der versteht auch den Zauber und die Macht desselben. In dieser Rückkehr zur Natur und ihren harmlosen Freuden, dem Einreihen in die einfachsten Bedingungen des Daseins, ruht das tiefe Glücksgefühl. Mit den Tränken sind für jeden Rudolstädter die theuersten Jugenderinnerungen verknüpft. Wenn in der Fremde das Gedenken daran kommt, dann feuchtet sich wohl oft heimlich das Auge, und im Herzen erwacht gedoppelte Sehnsucht nach der Heimath. Daheim ist doch daheim! — — —

Manch stolze und klassische Erinnerung ist mit Rudolstadt für immer verwoben. Da droben auf der Heidecksburg war es, wo einst der finstere Alba als Gast bei der Gräfin Katharina von Schwarzburg (gestorben 1567) zum Frühstück speiste. Und als der gefürchtete Schlachtenlenker ihren Bitten kein Gehör schenken wollte, das von seinen Soldaten ihren Unterthanen geraubte Vieh zurückzugeben, da gab die heldenmüthige Frau ein geheimes Zeichen. Der Saal füllte sich plötzlich mit Bewaffneten. Sie aber trat unerschrocken vor den aufstehenden Spanier hin und rief ihm zu: „Nun denn: Fürstenblut für Ochsenblut!" Da hat Alba ihren Wunsch erfüllen müssen.

Als Kind hat mich diese Erzählung stets mächtig entflammt und begeistert, und als ich nun diesmal in der dämmerigen Stadtkirche vor ihrem Grabstein stand, und mein Blick die Gestalt der königlichen Frau streifte, da zog ich in Gedanken tief den Hut vor ihr. —

Deutschland's größter Dramatiker, Schiller, hat ja, angezogen von diesem geschichtlichen Vorgang, ihn meisterhaft uns erzählt. Schiller! Von all den großen Menschen, welche mit Rudolstadt mehr oder minder in Berührung traten, leuchtet sein Name allen voran. In seinem kampfdurchwühlten Leben blieben Bauerbach und dann Rudolstadt von stillsonnigem Glücke durchleuchtete Idyllen, friedvolle Eilande inmitten wogender See.

Für Schiller's Sichwohlbefinden in Rudolstadt bleibt auch nicht ganz ohne Bedeutung die Auszeichnung, welche ihm der Hof zu Theil werden ließ. Wie Carl

August zu Weimar, so war es hier Fürst Ludwig Günther II. (regierte von 1767—1790), wohl der genialste und kunstsinnigste schwarzburger Herrscher, welcher in Gemeinschaft mit seiner geistvollen Gemahlin Sophie Henriette, Gräfin von Reuß, eifrig bestrebt blieb, auch seinen Hof zu einem Mittelpunkt idealer Kunstpflege zu erheben. Der Schloßgarten besaß damals eine Fülle sogenannter Ueberraschungen, wie der Geschmack jener Tage sie halb sentimental, halb geistreich spielend entstehen ließ, als Einsiedeleien, gewölbte Steingänge, welche in halbunterirdischen Hütten mit buntem Oberlichte mündeten, Wasserkünste, Teiche mit Schwanenhäuschen, Urnen, Göttergestalten, Felsgruppen und sonsterlei. Wiederholt hat Schiller inmitten diesen Parkwundern Stunden heiterster Anregung genossen. So schreibt am 14. Juni 1788 der damalige Erbprinz, spätere Fürst Ludwig Friedrich in sein Tagebuch: „Heut war nach Tafel eine recht vergnügte Gesellschaft im Baumgarten. Die Frau v. Lengefeld hatte mit ihrer Familie, mit Fräulein v. Wangenheim, mit noch anderen dames und mit Herrn Rath Schiller da gegessen. Es wurde gesungen, auf dem Schiffchen gefahren und spazieren gegangen. Erst nach 11 Uhr ging die ganze Gesellschaft mit uns singend den Schloßberg hinauf und sodann in die Stadt nach Hause."

Die noch erhalten gebliebenen Häuser in Rudolstadt, welche mit Schiller in Beziehung stehen, haben am großen Schillerfeste Gedenktafeln erhalten. So auch das schlichte Gebäude in der Neuengasse, in dem einst der Legationsrath von Beulwitz, vermählt mit Karoline von Lengefeld, der Schwester von Schiller's späteren Gattin, wohnte, in deſſen Gärtchen Schiller zum erſten Male mit Goethe zuſammentraf. Als ich an einem Juniabend 1873 in dieſes Gärtchen zum erſten Male trat, da faßte mich doch etwas wie Rührung in dem Erinnern jener fernen Tage. Nur widerſtrebend gab ſich Schiller dem Zauber Goethe's hin. Und dann wurden ſie doch Freunde, der Welt ein edel-ſtolzes Beiſpiel gebend, Antipoden und Dioskuren zugleich.

Es war am 6. Dezember 1787, einem finſteren, nebligen Tage, als zwei Reiter das Saalthal hinab nach Rudolſtadt trabten (eine Kunſtſtraße führte damals noch nicht längs des Fluſſes hin!): Wilhelm von Wolzogen und Schiller. Der Dichter war in Meiningen bei ſeiner älteſten Schweſter Chriſtophine geweſen, welche dort an den Bibliothekar Reinwald ſeit 1786 verheirathet war, hatte in Bauerbach Frau von Wolzogen beſucht, wo er Lotte als glückliche Braut wiederſah, all die ihm einſt in der Erinnerung ſo theuren Plätze aber „ihre Magie" verloren hatten — und überließ ſich nun auf der Heimreiſe nach Weimar ganz der Führung ſeines Freundes Wolzogen. Dieſer führte ihn dann in das Haus der verwittweten Landjägermeiſter von Lengefeld, einer nahen Verwandten Wolzogens, ein. Ungern war er in dieſen neuen Bekanntenkreis zu Rudolſtadt eingetreten, doch raſch fühlte er ſich wohl, ſo wohl, daß er beim Abſchiede verſprach, den nächſten Sommer in Rudolſtadt zuzubringen. Eine ſtill heranreifende Liebe zur jüngeren Schweſter, Lotte von Lengefeld, war in ſein Herz eingekehrt.

Im Februar 1788 hatten sie sich in Weimar gesehen. Ende Mai kam Schiller nach Rudolstadt und bezog dann im nahen Volkstedt beim Kantor Unbehaun das schlichte Heim, welches Lotte für ihn ausgesucht und auch eingerichtet hatte. Die goldene Zeit heimlich wachsenden Liebeslebens begann für Beide. Da Schiller bei den nächtlichen Spaziergängen für seine empfindliche Natur Erkältungen fürchtete, so siedelte er nach Rudolstadt über. Gern hätte er eine Wohnung gegenüber dem „Heisenhofe", wo die Familie von Lengefeld wohnte, bezogen. „Ich brächte dann", so schreibt er, „Spiegel in meinem Zimmer an, daß mir Ihr Bild gerade vor den Schreibtisch zu stehen käme, und dann könnte ich mit Ihnen sprechen, ohne daß es ein Mensch wüßte."

Wochen, Monate voller Wonne, geistigen Austausches durchlebte Schiller mit den Schwestern. Immer näher flogen die Seelen zu einander, und wenn dieser Rudolstädter Sommer auch nicht das erlösende, befreiende Wort bringen sollte, man fühlte, daß diese Harmonie der Herzen keine dauernde Trennung mehr erdulden könnte. Aber zwei andere Ereignisse brachte dieser Sommer dem Dichter: den von ihm so schmerzvoll empfundenen Heimgang seiner mütterlichen Freundin, Frau von Wolzogen in Bauerbach, und seine erste persönliche Begegnung mit Goethe, auf welche die Schwestern von Lengefeld so lange sich gesehnt und die gespanntesten Hoffnungen darauf gesetzt hatten.

Am 9. September 1788 fand die Begegnung in der Familie von Lengefeld statt. Goethe war mit einer

kleinen Schaar von Verehrerinnen aus Weimar herübergekommen. Schiller hatte erst kurz vorher, trotzdem er
eine Annäherung an Goethe längst herbeiwünschte,
seine ziemlich herbe Kritik über „Egmont" in der
„Allgemeinen Litteraturzeitung" veröffentlicht, eine That,
welche unter diesen Verhältnissen den doch mehr im
Schatten noch stehenden Dioskuren um seines Muthes
und seines unbestechlichen Rechtsgefühls doppelt ehrt.

Trotzdem ward die Bekanntschaft rasch und ohne
Zwang in Rudolstadt. Zum Schmerz der Schwestern
zeigte sich Schiller bei dieser ersten Begegnung mit dem
Dichterfürsten doch merklich enttäuscht. Ihm ging es
wie fast Allen, welche Goethe zum ersten Male sahen.
Der Dichter der unsterblichen Lieder deckte sich nicht
mit seiner äußeren Erscheinung, seinem Wesen. „Er
ist von mittlerer Größe," schreibt der Riese Schiller an
Körner, „trägt sich steif und geht auch so, sein Gesicht
ist verschlossen, aber sein Auge sehr ausdrucksvoll, lebhaft, und man hängt mit Vergnügen an seinem Blick.
Seine Stimme ist überaus angenehm, seine Erzählung
fließend, geistvoll und belebt. — Im Ganzen genommen",
fährt weiterhin Schiller fort, „ist meine in der That
große Idee von ihm nach dieser persönlichen Bekanntschaft nicht vermindert worden, aber ich zweifle, ob
wir einander so sehr nahe rücken werden. Vieles,
was mir jetzt noch interessant ist, hat seine Epoche bei
ihm durchlebt; er ist mir an Jahren weniger als an
Lebenserfahrungen und Selbstentwickelung so viel
voraus, daß wir unterwegs nie mehr zusammenkommen
werden; und sein ganzes Wesen ist schon von Anfang

her anders angelegt, als das meinige. Indessen schließt sich's aus einer solchen Zusammenkunft nicht sicher und gründlich: Die Zeit wird das Weitere lehren." —

Seinen Geburtstag, 10. November, feierte Schiller 1788 noch im Kreise der lieben Familie von Lengefeld. Zwei Tage später nahm man am Abend Abschied. Zu einer offenen Liebeserklärung war es nicht gekommen. Schiller war nahe daran gewesen, als der Eintritt der Schwester Karoline sein Vorhaben zerstörte. Als er nun aber wirklich fort gegangen war, da warf Lotte schmerzbewegt folgende Zeilen auf das Papier, das sie ihm am nächsten Morgen als Abschiedsgruß hinübersandte: "So sind wir denn wirklich getrennt? Kaum ist's mir denkbar, daß der lang' gefürchtete Moment nun vorbei ist. Noch sehen wir einerlei Gegenstände, die nämlichen Berge, die Sie umschließen, umgeben uns auch. Und morgen soll dies Alles nicht mehr so sein? Mögen Sie immer gute und frohe Geister umschweben und die Welt in einen schönen Glanz Sie umhüllen, lieber Freund! Ich möchte Ihnen gerne sagen, wie lieb mir Ihre Freundschaft ist und wie sie meine Freuden erhöht. Aber ich hoffe, Sie fühlen es ohne Worte. Sie wissen, daß ich wenig Worte finden kann, meine Gefühle zu erklären und deutlich zu machen. Noch eine: gute Nacht! gute Nacht!" Auf diese Abschiedszeilen, welche schon gefaltet waren, schrieb das sehnende Mädchen am nächsten Morgen noch einen innigen, letzten Gruß.

Am 11. Mai 1789 siedelte Schiller als neu ernannter Professor nach Jena über, um am 26. Mai sein gefürchtetes „Abenteuer auf dem Katheder" glänzend und gefeiert zu bestehen. Der Herbst desselben Jahres sah den Dichter wieder für einige glückliche Wochen in Volkstedt und Rudolstadt. Am 22. Februar 1790 ward in dem Dorfkirchlein zu Wenigenjena Lotte von Lengefeld ihrem Schiller angetraut. Der ursprüngliche Plan, Karoline sollte getrennt von ihrem Manne, das junge Eheglück theilen, kam nicht zur Ausführung. Wohl aber schrieb Schiller sechs Tage nach der Hochzeit an den treuen Freund Körner: „Was für ein schönes Leben führe ich jetzt. Ich sehe mit fröhlichem Geiste um mich her, und mein Herz findet eine immerwährende sanfte Befriedigung außer sich, mein Geist eine so schöne Nahrung und Erholung. Mein Dasein ist in eine harmonische Gleichheit gerückt, nicht leidenschaftlich gespannt, aber ruhig und hell gingen mir diese Tage hin." Und noch nach acht Jahren heißt es in einem Briefe an Körner: „Ihr, Humboldts und meine Frau seid die einzigen Menschen, an die ich mich gern erinnere, wenn ich dichte, und die mich dafür belohnen können." So hatte ihm Rudolstadt sein höchstes und letztes Glück geschenkt, das dem so schwer aus dem Leben scheidenden unsterblichen Dichter einst auch noch erschüttert die Augen zudrücken sollte! — — —

An architektonischen Sehenswürdigkeiten vermag Rudolstadt außer der Stadtkirche und dem Schlosse nicht viel aufzuweisen. Bemerkenswerth an einigen älteren Bürgerhäusern sind noch Einzeltheile, wie Portale, Steinmetzschmuck oder die neu mit schön geschnitzten Holzgallerien wieder hergestellte Hofanlage in dem

Hause Obere Marktstraße Nr. 8. Sehr lohnend bleibt aber ein Besuch der Stadtkirche um ihres reichen inneren Schmuckes willen.

Der jetzige Bau der Stadtkirche — ein früheres dem heiligen Andreas geweihtes Gotteshaus bestand bereits im Jahre 1227 als Pfarrkirche — stammt aus verschiedenen Bauepochen, vom 15. bis 17. Jahrhundert, und stellt ein nicht uninteressantes Gemisch von Gothik und Barock dar. Die innere Ausstattung ist durchweg in Holz ausgeführt. Bemerkenswerth ist das schöne und wirksame Südportal der Kirche. Letztere ist geradezu überreich an Denkmälern und Erinnerungszeichen. An dem Fürsten- und Adelstand fällt sofort der absonderlich ausgeführte Stammbaum des schwarzburgischen Geschlechts auf. Als Schildhalter des fürstlichen Wappens sieht man den wilden Mann und die wilde Frau Wache stehen. Zwischen ihnen, höchst naturalistisch durchgeführt, wächst der Stammbaum die Emporen empor, der eine Fülle von Figuren, Wappen, Reliefs und Lebensangaben zeigt. Mann und Frau darunter am Wappenschilde halten in den Händen Stangen, welche ehemals mit Fahnentüchern bedeckt waren, die man aber entfernt hat. Kanzel, Altar und Kirchstühle bieten dem Kunstfreunde in ihrer prächtigen Ausgestaltung manch Schönes und Erfreuliches.

Das bedeutendste und wirksamste Denkmal der Kirche ist das, welches Georg von Schönfeld († 1590) und seiner Familie gewidmet ist. Es erhebt sich an der südlichen Wand und fesselt durch seine Größe und den Figurenreichthum sofort den Besucher bei seinem Eintritt. Die auf Löwen ruhende Platte enthält die

Inschrift, welche zum Verfasser Majus, den damaligen Schulrektor hatte. Bleibt es merkwürdig, daß nur eine Hälfte der Platte mit einer Inschrift bedeckt ward, so bietet letztere selbst allerhand Absonderliches. Sie ist in Gold auf Schwarz hergestellt in lateinischer Sprache und heißt (nach Prof. Lehfeldt) übersetzt:

„Hierher hast Du gebracht, Theobald, die Glieder des Vaters
Und hier sammelst Du auch Deiner Mutter Gebein.
Daß, wie ein Ehegemach durch sechs mal sechse der Jahre
Ihnen einig der Sinn, berge die Urne die Zwei.
Jener ward im selbigen Jahr zum Lichte geboren,
Da im Aufruhr wild tobte die bäurische Schaar (1525).
Diese ward geboren zum Lichte nach Jenes Erscheinen,
Als verflossen an Zeit vier der Jahre und zehn.
Jener, theuer dem Gotte, das Vaterland ließ er, die Seinen.
Da mit dreien er noch Lustrum vollendete zehn (65 Jahr).
Diese, ergeben dem Gotte, das Vaterland ließ sie, die Ihren,
Da sie der Lustrum zehn, dreimal sechs Monde geschaut (51$\frac{1}{2}$ Jahr).
Schönfeld's Haus beglückt durch Deine Gnade, o Christus,
Stehe und blühe, an Ruhm wachs' es, an Kindern und Gut."

Vor dem Altar befindet sich unter einer Eisenplatte die Gruft der heldenmüthigen Fürstin Katharina († 1567). Als man im Jahre 1875 gelegentlich der Wiederherstellung der Apsis des Gotteshauses die Gruft öffnete, fand man kein Gewölbe, wie bisher angenommen, sondern eine mit Erde und Kalk ausgefüllte Gruft. Erhalten von der tapferen Fürstin zeigte sich noch der Schädel mit Unterkiefer, die über der Brust gekreuzten Arm- und Fingerknochen, an deren einem drei ganz dünne, fadenstarke Ringe sich befanden. Alles übrige zerfiel bei der Berührung. Einige Stücken braunen

Sammts wie Atlaszeuges, sowie eine spitze Schuhsohle waren noch erhalten. Alle Ueberreste wurden pietätvoll gesammelt, das Grab wieder verschlossen und mit der Eisenplatte wieder bedeckt, deren Stifter Katharina's Tochter Anastasia und deren Gemahl, Graf Wolrad von Waldeck, einst gewesen sind.

Der Untergrund des Kirchthurms birgt eine Gruft, die „zwiefache Höhle" genannt. Diese bewahrt die sterblichen Ueberreste der durch ihre Kirchenlieder bekannt gewordenen Gräfin Aemilie Juliane und ihres Gemahls Graf Albert Anton von Schwarzburg. Beide ruhen in einem prachtvollen Doppelsarkophag. Unter dem Fürstenstande umschließt eine dritte Gruft eine Reihe schwarzburger Familienmitglieder. Als dieses Erbbegräbniß voll war, wurde ein solches in der Schloßkapelle zu Schwarzburg angelegt.

Hoch über Thal und Stadt, weithin das Land beherrschend, thront auf dem prächtig bewaldeten Hainberge (225 m hoch), kurzweg „der Hain" genannt, der imposante Bau des fürstlichen Residenzschlosses, die Heidecksburg. In der Hauptsache aus drei einen mächtigen Hof umschließenden Flügeln bestehend, zeigt dieser Riesenbau in seinen äußeren Fronten dieselbe kahle Nüchternheit wie Schloß Schwarzburg. Nur der Westflügel hebt sich in seinem gut durchgeführten Rokokostil wirksamer ab. Aber die Wucht und Masse des Gesammtbaues leihen ihm doch inmitten dieses so überaus lieblichen Landschaftsrahmens etwas Gewaltiges und Imponirendes.

Um so glanzvoller, in üppigster Verschwendung

ausgeführt und durchweg die sinnlich-blühende Lebensfreude der Rokokozeit athmend, zeigen sich dafür die herrlichen Festräume, deren Eindruck bei voller Abendbeleuchtung ein berauschender sein muß. Der Festsaal, der kleine Säulensaal, eine Fülle blendend reich ausgeschmückter Zimmer bilden Glanzpunkte auf der Wanderung durch die weiten Räume des Schlosses. Auch die 1860 wieder hergestellte Schloßkapelle zählt dazu. Die Kunstfreudigkeit früherer Herrscher hat außerdem einen Schatz von kostbaren und seltenen Kunstgegenständen hier oben nach und nach angesammelt.

Der heutige Bau der Heidecksburg stammt aus dem achtzehnten Jahrhundert und wurde in den Jahren 1737—1786 aufgeführt. Im Jahre 1573 war das Schloß bereits einmal fast ganz vom Feuer zerstört worden. Noch schrecklicher aber wütheten die Flammen in der Nacht des 26. Juli 1735. In der sogenannten Musikantenstube und Hofschneiderei war der Brand ausgebrochen. Innerhalb kurzer Zeit stand gegen Westen und Norden das ganze Schloß in Flammen. Stark gehender Wind, sowie der Umstand, daß das oberste Geschoß noch Holzfachwerk zeigte, beförderten das Unglück.

Der Büchsenspanner Serenissimi hatte in Sondershausen bereits schon einmal den Feuersegen „mit Erfolg" angewandt. So ging er denn auch hier flugs an's Werk. Drei Mal auf drei besondere Zettel schrieb er den Feuersegen und schoß ihn dann hinein in die prasselnde Gluth. Er lautete: „Ich gebiete Dir, heißer

Brand, daß du willst stille stehen und nimmer weiter gehen im Namen Gottes des Vaters, des Sohnes und des heiligen Geistes!"

Doch die erhoffte Wirkung versagte diesmal völlig. In Trümmern sanken der Schloßflügel nach dem Hain zu, die Kirche, Kavalier- und Pagenwohnung und der Thurm. Ein Page, von Carlowitz, und der Pagenaufwärter wurden von niederstürzenden Balken erschlagen. Die hohen Herrschaften flüchteten erst in die Reitbahn, dann in ein Gartenhaus und endlich hinab in die Stadt, wo sie einstweilen Wohnung bezogen. Eine Fülle unersetzlicher Kunstwerke und Erinnerungen ging damals für das Fürstenhaus und sein Land verloren, just wie bei dem verheerenden Brande, welcher neun Jahre früher die Sommerresidenz Schwarzburg eingeäschert hatte. —

Der Hain, welcher hinter dem Schlosse noch höher emporsteigt und einen grünen Bergwall zwischen Saale und Wüstenbach darstellt, birgt in seinem von herrlichstem Laubwalde bedeckten Revier gar manch poetischen Punkt, bietet herrliche Blicke in einsame Waldthäler, wie jenseits lachende Bilder auf und ab der Saale, Landschaftsbilder, denen bereits Jean Paul einst begeistert „die Magie" nachrühmt.

Der eigentliche Lieblingstummelplatz der Rudolstädter bleibt aber ihr Anger, der echte Rudolstädter Volksprater drunten am Flußufer. Hier, unter schattigen Bäumen, zwischen Bosketts, Springbrunnen, Blumenbeeten ist der „wahre Himmel" Rudolstadt's. Hier finden wir Gasthäuser, Sommergärten, Theater, Schieß-

haus und Schießbuden, Kegelbahnen und Karoussels;
hier steigt der Opferrauch der Rostbratwürste empor,
und all der echte Rudolstädter Humor, wie ihn Anton
Sommer so zündend und naturwahr uns geschildert
hat, hier dürfen wir ihn an bestimmten Tagen in
frohen Zügen genießen.

Rudolstädter Humor und Gemüthlichkeit habe ich
aber während meines letzten Aufenthaltes in der
liebenswürdigen Residenz Schwarzburg's auch noch an
einer anderen Stätte kennen gelernt, in jener Ver-
einigung „Rudolstädter Abend", welche in jeder Woche
einmal zum feuchtfröhlichen Thun sich zusammen findet.
Man begrüßt dort manch tapferen Kämpen und poetisch
angesäuselten Gesellen. Es wird da brav gebechert,
mit Inbrunst gesungen und Studentenzeit und goldene
Jugend heiter aufgefrischt. Aus allen Ecken schienen
mir manchmal lose, lustige Schelmenteufelchen hervor-
zukichern. Da ist eine Thür, deren obere Fülleinlage
herauszunehmen ist. Durch diese Oeffnung, ängstlich
schmal anzuschauen, werden die stärksten Männer lachend
hindurchgezwängt. Wer als Gast einmal dort weilt,
darf ein Stück Papier mit seinem Namen beschreiben.
Daraus wird eine Düte gedreht und diese mit viel
Geschick an die Decke geschleudert, wo sie hängen
bleibt. Darum sieht der kleine gemüthliche Trinkraum
nach oben hin einer Tropfsteinhöhle nicht unähnlich.

Verdienst darf ja immer beanspruchen, wer ge-
müthvoll-deutschen Humor pflegt. Der „Rudolstädter
Abend" jedoch genießt noch mehr. Er hat sich bei
allen Deutschen Ruhm errungen. Aus seiner Mitte

heraus ging die Anregung, dem unvergleichlichen und unvergeßlichen Altreichskanzler die erste Feuersäule zu setzen. Bald darauf, als der Aufruf der deutschen Studentenschaft im Reiche erklungen war, faßte der „Rudolstädter Abend" den Entschluß, aus selbst aufgebrachten Mitteln Bismarck dieses Ehrenzeichen zu setzen. Rechtsanwalt Waldemar Klinghammer ward die Seele des vaterländischen Unternehmens. Auf dem Zeigerberge bei Rudolstadt erhebt sich in Form einer kleinen Ritterburg, in Kalkstein ausgeführt, der schlichte Bau, von dem am 1. April 1899 die Flammen zum ersten Male hinaus in das nächtliche Thal leuchteten.

Der Zeigerberg erhebt sich südwestlich von Rudolstadt im Rücken von Volkstedt. Von der vorderen Kuppe, auf welcher die Feuersäule errichtet worden ist, öffnet sich ein ganz zauberischer Blick. Man schaut in das Thal hinab bis zu den Höhen von Jena; hier hinüber in das stille Gebiet der Ilm, wo auch Schloß Kochberg grüßt, der ehemalige Sitz der Frau von Stein, dort über den geschichtlich denkwürdigen Orlagau in das Land Altenburg. Südwestlich fällt der Blick in den breiten Thalkessel, in dem sich die Saale um das thurmreiche Saalfeld schlingt. Die Bergzüge der Rinne, Schwarza, oberen Saale, der Loquitz, Sormitz und andere Flußthäler steigen herauf. Dahinter steht wie ein finsterer Schutzwächter der Wetzstein als Grenzwächter zwischen Thüringen und Franken. Im goldenen Glühen eines zur Rüste gehenden Spätherbsttages stand ich da oben, als die verzitternde Sonnenscheibe hinter seligen Wolken niedersank, und genoß in dem großen, heiligen Schweigen der Natur die Andachtsfeier dieser Stunde. — —

Diese kahlen Kalkwände all dieser Berge rings um Rudolstadt sind einst mit Wein bedeckt gewesen. Bis in's Rinnethal bei Blankenburg dehnte sich der Weinbau aus. Gerade erfreulich aber scheint der edle Trank, welchen man aus diesen Trauben kelterte, nicht gewesen zu sein. Es liegen darüber sogar geschichtliche Beglaubigungen vor, bei denen es dem echten Weinkenner recht unbehaglich zu Muthe wird.

So war einmal der Graf Wolrad von Waldeck, der Schwiegersohn der „heldenmüthigen" Katharina, mit seiner Gemahlin zu Besuch in Rudolstadt. Es war just Weinlese in Blankenburg, und als der Graf, dem lustigen Treiben zuzuschauen, dort eintraf, bot ihm der Bürgermeister ehrfurchtsvoll einen edlen „Blankenburger" an, von dem der Graf in seinem Tagebuche berichtet, er habe „einen Becher oder zwei getrunken und vor dem dritten sich gehütet". Und als er nach Schwarzburg kommt und den Schloßherrn nicht antrifft, kehrt er schleunigst um, „aus Besorgniß, der Graf möchte zurückkommen und ihn mit Schwarzburger Wein überladen". Die diesen Göttertrank keltern ließen, dachten freilich wohlwollender darüber. Denn als Katharina sich einmal ihrem Vater gegenüber, dem Grafen Wilhelm von Henneberg, beklagt, daß die Weinernte heuer nicht so reichlich gediehen sei, da tröstet der alte Henneberger: „und sind doch also viel Leute, die Deinen Wein gern trinken, desgleichen wir selbst auch. Gott wird aber doch gnediglich aushelfen. Amen!" —

Von der Nordseite her tritt man in den Vorraum zum Thurm, einem gemüthlich im gothischen Stile eingerichteten, kleinen Trinkraum. Ueber der Bogenthür prangt in Sandstein gemeißelt das Wappen Bismarck's. Die Ecken der Steintafel zeigen die Anfangsbuchstaben des Wahlspruches unseres ersten Kanzlers: „In trinitate robur."

Weihevoll und herrlich verlief am Abend des 1. Aprils 1899 die Einweihungsfeier. Nicht nur aus Rudolstadt, aus vielen Ortschaften war man herbeigeeilt, den großen Todten in diesem echtgermanischen Feste zu ehren. Kurz vorher war nachstehendes Telegramm aus Bonn eingetroffen:

„Dem „Rudolstädter Abend" sendet zur Einweihung der ersten „Bismarcksäule" hocherfreut in begeisterter Bewunderung der vaterländisch gesinnten, thatkräftigen Männer, welche in der kurzen Zeit so Großes erreicht haben, die herzlichsten Glückwünsche und treudeutschen Gruß!

Der Ausschuß der deutschen Studentenschaft.

J. A.:

Leicher (Burschenschaft Alemania)."

Als des alten Arndt unverwüstliches Lied: „Der Gott, der Eisen wachsen ließ", verhallt ward, trug Rechtsanwalt Klinghammer sein kraftvolles Weihegedicht vor, das mit nachstehenden Strophen schloß und die Begeisterung der Festmenge noch höher entfachte:

"Wenn Du auch bis zum letzten Hauch
Am Steuer nicht gesessen,
Wenn Herrengunst auch Schall und Rauch,
Dein Volk hat Nichts vergessen!
Als Du auf Jena's altem Markt
Uns Aug' in Aug' gestanden,
Ist die Gewißheit uns erstarkt,
Wo wir den Retter fanden.

Und heut' bei hellem Flammenschein
Auf hoher Bergeszinne,
Da wollen wir den Schwur erneu'n
In deutscher Treu' und Minne:
Was Du uns gabst mit starker Hand,
Wir wollen's treu bewahren
Bis in den Tod für's Vaterland,
Heut' und in hundert Jahren!" — —

Rudolstadt's Umgebung bietet in ihrer engeren und weiteren Umgegend einen Reichthum anregender und lieblicher Ausflugsziele. Vor allem aber wird immer wieder die wahrhaft klassisch heitere Anmuth dieser Saallandschaft an's Herz rühren. Einer stillen Stätte und eines längst still gewordenen Mannes möchte ich aber noch hier gedenken, den seine Rudolstädter auch längst vergessen haben, dessen Sinn hoch über materielle Genüsse hinausging und darum so wenig Echo in den Herzen seiner schwarzburger Landsleute wachrief: Berthold Siegismund! Er ruht auf dem neuen Friedhofe. Bald nach seinem Tode, 13. August 1864, ward ihm zwar an der Wegscheide Mörla-Schaala hart an der Landstraße ein schlichtes

Denkmal errichtet, ein Granitblock, welcher das Bronze=
bild des Heimgegangenen zeigt. Seine edlen Thaten,
sein reiches Wirken aber sind vergessen, seine gemüths=
tiefen Lieder erklingen nicht mehr. Nicht des Arztes
und Erziehers soll hier gedacht sein. Aber er schenkte
seiner Heimath die erste umfassende, mustergültige
„Landeskunde", er war vor allem ein trefflicher, tief
das Gemüth bewegender Volksschriftsteller, ein reich
begabter Dichter. Bewundernswerth vielseitig bleibt
das, was er für das Volk in Kalendern, Zeitschriften
und Einzelheften hinaussandte, Zeugniß von seiner
universellen Bildung ablegend. Da war er Philosoph,
Kunsthistoriker, Naturforscher, Pädagog, Arzt, Wander=
poet und Gelehrter. Mancher dieser mustergültigen
Aufsätze brachte dem rastlos schaffenden Manne die
Freude und Ehre einer Preiskrönung.

Sein volles, reiches Innere, die herrliche, sonnen=
goldene Gemüthswärme aber strahlt aus seinen Ge=
dichten. „Lieder eines fahrenden Schülers", sowie
„Asklepias" (Bilder aus dem Leben eines Landarztes)
sind Denkmale einer reinen, gottsuchenden Seele, eines
naturfrohen Gemüthes, voll zarter Innigkeit, Frische,
Humor und Anschaulichkeit.

Auf der Höhe des Mannesalters, Siegismund
stand erst im 46. Lebensjahre, raffte der Tod ihn nach
schwerem Siechthum hin. Seine geistig so starke Proteus=
natur war den Anfechtungen eines tückischen Leidens
nicht gewachsen. Drei hohe Birken — sein Lieblings=
baum — rauschen mit jedem neuen Jahre dem Ruhen=
den heimliche Frühlingsgrüße zu, ihm, dem herrlichen

Menschen, dem zärtlichen Kinderfreunde, der da einst sang:

> „Ja wahrlich, Alter, uns're Welt
> Wär' ohne Kinder schlecht bestellt.
> Ein Gastmahl wär' sie ohne Wein,
> Ein Sonntag ohne Sonnenschein,
> Ein Garten ohne Blumenzier,
> Ohn' Drosselschlag ein Waldrevier,
> Ohn' Sang und Klang ein Hochzeitsfest.
> Die Kinder sind der letzte Rest
> Vom wunderschönen Paradies,
> Aus dem die Sünde uns verstieß."

Als Probe seines prächtigen, weihevollen Naturempfindens mag zum Schluß sein Gedicht „Sonntagsstille" hier noch stehen:

> „War das ein tausendstimmig Singen,
> Im Feld und Wald, bei Fels und Fluß,
> Als wollten alle Wesen bringen
> Den brüderlichen Morgengruß.
>
> Nun klingt der Glocken hell Geläute
> Von nah und fern in's grüne Thal,
> Und was sich eben jubelnd freute,
> Wird kirchenstill mit einem Mal.
>
> Stumm ist das Lispeln in den Zweigen,
> Kaum lispelt leis das schwanke Korn,
> Die sangesfrohen Vögel schweigen,
> Kaum hörbar quillt der Murmelborn.
>
> Zur Erde schauet fragend nieder
> Die Wolk' aus blauem Himmelszelt;
> Wird nicht in Worte, nicht in Lieder
> Vor Gott ergießen sich die Welt?

Doch keines will das Schweigen brechen
Und alles lauscht andächtig fort;
Das Höchste, Tiefste auszusprechen,
Wie könnte Stimme das und Wort.

Drum laß um ihren Gott sie streiten,
Die Menschen, die sich freu'n am Streit!
Die höchste aller Seligkeiten
Ist wortlos — die Gottseligkeit." — —

Wer Zeit findet, der sollte auf dieser Saalwanderung auch mal seitlich in das lauschige Thälchen des Weißbaches hinaufdringen. Das Weißbachthal öffnet sich thalab am rechten Ufer, wo über einer prächtigen, 40 m glatt über dem Flußspiegel aufsteigenden Felsbastion Schloß Weißenburg herübergrüßt. Man wandert am linken Ufer über Kirchhasel nach Etzelbach (einst der Familie von Gleichen-Rußwurm gehörend), überschreitet hier die Saale und wendet sich dann durch das Dorf Weißen zuerst dem rechts seitlich leuchtenden Schlosse zu.

Freundliche, umfangreiche Parkanlagen umgeben Schloß Weißenburg. Eine große Feuersbrunst hat 1791 von älteren Schloßtheilen fast alles ausgetilgt. Der neue Bau erstand 1796 und ist nur schlicht gehalten. Ein Theil der Ringmauer ist noch geblieben. Ueber dem Burgthore erblickt man das Wappen der Familie von Thüna, die so charakteristischen Schafscheeren. Was noch am meisten interessiren könnte, das birgt sich unter der Erde. Denn unter weiten Strecken des Schlosses zieht sich ein verzweigtes Labyrinth von hohen Kellern und Gängen entlang. In einem dieser unterirdischen

Gewölbe — ein Theil von ihnen ist heute vermauert — soll auch Georg von Thüna, der geflüchtete letzte Abt der Benediktinerabtei zu Saalfeld, begraben liegen, der vor dem Ansturm der Bauern hierher zu Verwandten flüchtete und 1527 das Zeitliche segnete.

Schloß Weißenburg hat in den Wirren früherer Jahrhunderte gar manchmal eine bedeutsame Rolle gespielt. Die Grafen von Orlamünde haben es erbaut. 1393 kam das Schloß mit seinem weiten Besitz an das Haus Sachsen ernestinischer Linie. Dann wechselten die Besitzer sehr oft. Von den Herren von Kochberg ging es um 1500 an die Familie von Thüna über, welcher ja auch die Burgen Obernitz und Lauenstein gehörten. Auch die Familie von Lengefeld saß 'mal hier droben. Schließlich gerieth das Schloß in bürgerliche Hände. Heute ist es Sommersitz des Herrn von Derenthall. —

Nicht allzu viele Wanderer ziehen das Weißbachthal hinauf. Es war schon gegen Abend, als wir in die Waldkulissen des stillen Thales eintraten. Ein stilles, friedliches Abendwandern! Nur die Vögel lärmten in den von der scheidenden Sonne gerötheten Wäldern und der forellenreiche Bach hüpfte unter blühendem Lattich, Farren und Buschwerk freudig dahin. Waldberge, Wiesenhänge und wieder reich duftender Laubwald! Und dann eine handvoll weißleuchtender Hütten! Das einsame Dörfchen Weißbach.

In dem Vorgärtchen des schlichten Wirthshauses saßen wir nieder. Der Wirth gesellte sich zu uns, und sein Kindlein tänzelte spielend um uns herum. Stumm stand jetzt drüben der nahe Wald, als schaue er fragend aus, was die Nacht bringen werde. Die Sonne war unter. Schwüle Bangniß lagerte über dem Thale. Die Vöglein flogen zu Neste, nur der Bach sang unermüdlich sein Wanderlied.

„Heut wird's noch 'was geben," meinte der Wirth. „Es war zu schön und zu heiß all die Tage. Aber ehe Sie wieder gehen: unser Kirchlein droben am Walde müssen Sie sich doch noch anschauen. Ein Stück über'm Dorf. 's haben's schon Viele romantisch gefunden. Einen eigenen Pfarrer haben wir nicht, und weil die Kirche oben so einsam liegt, so geht unser bischen Kirchenschatz reihum zur Verwahrung. Ein hübscher, alter goldener Kelch!" Nicht ohne Stolz holte er uns den ihm anvertrauten Schatz, damit wir ihn bewundern sollten.

Es war eine interessante gothische Arbeit. Am Knauf lasen wir: „Maria", der Schaft enthielt die Inschrift: „ihesus nasarenus". Und er erzählte uns von dem ehrwürdigen heiligen Gefäß, was die Ueberlieferung seit Jahrhunderten dem Dorfe erzählt hat, daß dieser Kelch im Dreißigjährigen Kriege von einem Kroaten gestohlen wurde. Als die Sache ruchbar ward und man nach dem Dieb suchte, da steckte dieser den Kelch heimlich einem anderen Kroaten zu, welcher nun darob im Weißbachthale an einem Baum aufgeknüpft wurde.

Nun schieden wir von dem Manne. Bald lagen die letzten Hütten hinter uns. Und wieder tauchten wir in tiefsten Waldesfrieden hinein! In diesen Frieden hinein, wie schön stimmte das weiße, schlichte Kirchlein, das sich jetzt vor uns licht vom ernsten Walde abhob!

Eine kleine Gräberwelt umschließt es. Die hier ruhen zur Ewigkeit hinüber, vernehmen nicht mehr über sich das Haften der Welt. Sie sind wirklich zur Mutter Natur wieder eingegangen.

„Du! Das Wetter wird uns ja nicht so schnell auf den Pelz kommen," meinte der Hamburger Freund. „Wenn ich nicht so heiß am Leben hinge: hier möchte ich auch 'mal ausschlafen! Das ist ja einzig schön!"

Und er setzte sich auf die Steinstufen des verschlossenen Waldkirchleins und sah steif hinauf zu den Waldkronen, die so ernst und schweigend in den sich mehr und mehr umziehenden Himmel hineinragten. Leiser, ferner Donner kam und ging. Verhaltenes Grollen und schweres Athmen.

Endlich erhoben wir uns, das Thal langsam wieder abwärts schreitend. Am Wirthshause stand der Wirth. Er hatte sichtlich unsere Rückkehr abgewartet.

„Nicht wahr, ich hatte Recht? Da oben ist's schön?"

Wir nickten ihm zu.

„Nun aber sputen Sie sich, meine Herren! Man kann nicht wissen. So'n Wetter kommt oft rasch hinunter." Das Kindlein drängte sich heran und reichte uns das Patschhändchen. „So ist's hübsch! Hä! Nun mach Dein Dienerchen!"

Noch ein Gruß zurück, dann bogen wir um die Waldecke.

Als Schloß Weißenburg in Sicht trat, lohte der Himmel bereits prächtig in zuckenden Feuerbüscheln auf. Lauter, eindringlicher klang der Donner einher.

„Vielleicht kommt's gar nicht zum Regnen," meinte

der Freund. „Aber ich werde trotzdem ein Bauern-
wäglein bestellen, das uns nach Rudolstadt zurück-
führt."

Eine halbe Stunde später rollten wir in einem
offenen Geschirr thalauf die Saale entlang.

Zwischen Etzelbach und Kirchhasel aber brach's
los, aus Kannen und Trögen, Eimern und Mulden.
Gewitter vor uns, hinter uns. Die Himmelsgeschütze
arbeiteten mit verdoppelter Kraft. Salve auf Salve
rollte das Thal entlang, schauerlich-schön das Echo
beider Bergwände immer wieder wach rufend. Und
dazwischen ein lustiges Feuerwerk, daß oft sekundenlang
Straße, Fluß und Thal im hellsten Lichte leuchteten.
Aechzend stöhnten die Bäume auf, wenn es krachend
herangebraust kam, sie faßte, rüttelte und niederzwang,
und mitten durch den Aufruhr der Elemente jagten
die wie von Furien gepeitschten Pferde mit dem
Wägelein hin.

„Ich finde", lachte der Freund einmal, „die äußere
Nässe entspricht nicht recht meinem inneren Zustand.
Alles zischt in mir. O, dieser göttliche Durst!" Und
fester zog er die geliehene Pferdedecke über das arme
Dulderhaupt.

Endlich donnerte der Wagen über Pflaster dahin.
Vereinzelte Laternen irrten vorüber, hin und wieder
huschte ein Regenschirm mit irgend einem Lebewesen
darunter an uns hin. Rudolstadt war erreicht! Als
wir vor dem „Löwen" hielten und aus dem Gefährt
sprangen, war auch die Macht des Wetters bereits
gebrochen. Herr Curioni, schalkhaft und vergnügt

wie immer, empfing uns lächelnd am Eingange mit seinem serviettenwedelnden Hofstaate.

„Na, Herr Maccaroni?!" lachte der Freund, „da sind wir!"

„Und was für ä Prachtwetter bringen Sie mit! Gelle? Nun aber man 'rein, in's Trockene!"

Und dann in's Nasse!" erwiderte mein Wanderfreund, indem er den Wirth auf die Schulter klopfte. „Ach, Du ahnst es nicht!" Dann schüttelte er sich lachend den Regen ab, und wir hielten unsern Einzug in das alte, gemüthliche Gasthaus.

Alt und würdig schaut der „Löwe" drein, mit seinen Erinnerungen ein ganz Stück zurück in Rudolstadt's Vergangenheit greifend. In seinen Festräumen findet jetzt alljährlich das bekannte „Zwackessen" statt, und der hier schaltet und waltet, stellt trotz seines südlichen Namens ebenfalls ein Stück Alt-Rudolstadt dar. Auf und ab im Lande kennt man ob seines trockenen Humors den „alten Curioni". Doch auch die Erinnerung an seinen Vater steht noch hoch in Ehren.

Ein hübsches Erlebniß aus den Tagen des Fürsten Friedrich Günther, des „alten Färschten", der am 6. November 1874 nicht nur seinen 71. Geburtstag, sondern auch sein 50jähriges Regierungsjubiläum feiern durfte, ist uns von dem Vater des jetzigen Gasthausbesitzers überliefert, das ein helles Schlaglicht auf das rührende Verhältniß wirft, welches Fürst und Volk damals verband.

Rudolstadt hatte seinen ersten Photographen erhalten. Nicht lange darauf meldet sich eine Bürger-

Deputation beim Fürsten droben im Schlosse. Curioni ist der Sprecher. „Durchlaucht!" beginnt er. „Einmal habe ich sitzen sollen, da haben Sie mich begnadigt. Nun aber sollen Sie uns 'mal sitzen und keine Gnade wollen wir walten lassen." Stutzig fragte der Fürst, was er denn verbrochen habe.

„Ach, nichts!" erwiderte Curioni lächelnd, „Durchlaucht sollen sich nur photographieren lassen, aber nicht in Uniform oder Frack, sondern in dem schlichten Rock, den Sie immer anhaben. Das Bild wollen wir dann im Lande in unsere Stuben hängen und unsern Kindern erzählen, was Sie uns alles gewesen sind."

Da hat der Fürst gar herzlich aufgelacht und hat seine Erlaubniß gegeben, daß man ihm den Photographen herauf schicke. Das ist denn auch geschehen und überall im Lande Schwarzburg konnte man durch viele Jahrzehnte hindurch das Bild des „alten Färschten" grüßen, dessen Angedenken noch heute gesegnet wird.

VIII.
Von Rudolstadt bis zur Lobdaburg.

Hält man sich thalab von Rudolstadt auf dem linken Ufer, so gelangt man über die freundlichen Saaldörfer Kirchhasel, Etzelbach, Uhlstedt nach Zeutsch. Von da ab zwingt sich links eine Straße aufwärts nach dem auf einer steil abfallenden, 181 m hohen Felsenkante sich hinziehenden altenburgischen Städtchen Orlamünde, das mit dem zu seinen Füßen am Saalufer ruhenden Dörfchen Naschhausen zusammen noch nicht 1500 Einwohner zählt. Der Aufstieg diese Straße empor zu dem überaus malerisch gelegenen Orlamünde ist reich an weiten und farbenprächtigen Ausblicken über das Land Altenburg, in das Thal der Angesichts Orlamünde in die Saale sich ergießenden Orla, wie über das Saalthal selbst. Wer aber zum ersten Male Orlamünde aufsucht, der sollte doch von Naschhausen emporklimmen. Dieser Aufstieg bietet ebenso überraschende als poetisch wirksame Bilder.

Von Naschhausen aus wendet man sich links durch ein kurzes, liebliches Waldthal, um dann im Zickzack die Hochfläche der Bergzunge zu ersteigen, auf welcher das freundliche Städtlein sich mit seinen alten Mauern, hängenden Gärten und friedlichen Hütten entlang zieht. Wie Viele sausen und wandern durch's Saalthal und wie Wenige halten hier droben einmal Einkehr in dem sonnüberflutheten Bergneste! Orlamünde ist eine Perle in seiner weltstillen, verträumten Einsamkeit! Wir sind da oben gewandelt und haben gerastet, und immer ist es uns gewesen, als seien wir in ein Stück Märchenreich verschlagen worden, und jedes laute Wort könne vielleicht den Zauber stören.

Nähert man sich dem Bergrücken, so geht der Hochwald allmählich in einen halb verwilderten Park über. Dicht wuchernde Hecken, Reste uralten Mauerwerks, auf dem glitzernde Eidechsen sich behaglich sonnen, Büsche und Gestrüpp übersäet mit Blüthen, unter denen die Heckrose das große Wort führt, dies Alles schafft ein wundersames Durcheinander. Alte Bäume greifen mit ihren Wipfeln zusammen; begraste Wege und Schlupfpfade, die Schritte dämpfend, leiten hin und her. Auf einer freien Stelle steigt ein heller Bau empor, die Kemnate genannt, der letzte Ueberrest der stolzen Burg des einst so großen und mächtigen Geschlechts der Orlamünder. Es ist ein wuchtiger Wohnthurm, dessen älteste Theile noch dem 13. Jahrhundert angehören. Die inneren Zwischenwände sind längst gefallen. Die Fenster, unregelmäßig angebracht, zum Theil auch vermauert, zeigen da und dort noch rund- und kleebogige Einfassung. Das recht verwahrloste Gebäude dient heute landwirthschaftlichen Zwecken. Nördlich von ihm findet man noch Mauerreste ehemaliger Burgtheile. Auf einem Wege unterhalb der

Kemnate erblickt man auch noch einen Pfeilerrest mit
der Basis einer Halbsäule. Die überall noch erkenn-
bare Befestigung schloß einst zugleich auch das gesammte
Städtlein schützend mit ein.

Orlamünde, gegenüber der Einmündung der Orla
in die Saale gelegen, ward aller Wahrscheinlichkeit
nach gleich vielen anderen Steinvesten längs der Saale,
Schwarza und Loquitz als Trutzburg gegen das Vor-
dringen der immer mächtiger heranfluthenden Sorben
im 9. Jahrhundert gegründet. Burg und Ort, lange
Zeit der Sitz des in der Geschichte Thüringens berühmt
gewordenen Grafengeschlechts der Grafen von Orlamünde, das zuletzt verarmt, halb vergessen aussterben sollte — beide sind in ihrem wechselnden Ge-
schicke durch Jahrhunderte auf's Engste verknüpft
gewesen. Im Jahre 1344 übergab Graf Heinrich IV.
von Orlamünde die Reichsunmittelbarkeit seines einst
weit ausgedehnten Sitzes an den Landgrafen Friedrich
den Ernsthaften von Thüringen. Damit erlosch der
letzte Glanz des einst so reichen und mächtigen Grafen-
hauses.

Lange schweiften wir in dieser blühenden Wildniß
umher. Nirgends ein Menschenlaut zu erhaschen. Eine
Stille, in welcher sogar das Summen der Käfer, das
Aufrascheln der Eidechsen flüchtiges Leben hineinbrachte.
Und als wir wieder einmal durch Busch und Dorn
drangen, siehe: da schauten wir plötzlich in die sonnen-
durchgluthete Straße von Orlamünde. Freundliche
Häuschen grüßten uns, und mitten aus überblühter
Gräberwelt hob sich das schmucke Kirchlein.

Wir wandelten über den Gottesacker und traten in das offenstehende Gotteshaus ein. Beides zusammen bildet eine kleine Sehenswürdigkeit des Ortes. Der Friedhof mit seinen zum Theil künstlerisch nicht werthlosen Grabsteinen ist so eine rechte Poetenecke zum Träumen. Die Kirche besitzt manches interessante Erinnerungszeichen aus früheren Jahrhunderten, gute Oelbildnisse früherer Pfarrer, auch eine buntbemalte, originelle Gedenktafel aus Papierteig, welche im Relief die Büste des unglücklichen Kurfürsten Johann Friedrich von Sachsen zeigt, welcher nach der Gefangenschaft auf einem Jagdschlößchen drüben im Orlagau wieder mit den Seinen zusammentraf, wovon das Schlößchen seitdem den schönen Namen „Fröhliche Wiederkunft" führt. —

Von dem Kirchlein ging es gemächlich die breite, fast einzige Straße des Städtchens auf holpriger, schattenloser Bahn voran. Wein und Rosen klettern hier an den Häuschen hinan und erhöhen noch den trauten, stillbürgerlichen Eindruck des Ortes, welcher in der Geschichte Thüringen's einst so oft eine bedeutsame Rolle spielen durfte und heute nur noch von jenen fernen, großen Erinnerungen lebt. Um so fester wurzelt die Liebe der Bürger zur Scholle. Selbst aus dem Namen eines Bürgers klang mir der ganze Stolz und die Liebe zur Heimath wieder. Ich freute mich, als ich über einer Ladenthür lesen durfte: „Orland Frohmund". Da hatte die altehrwürdige Stadt Pathschaft stellen müssen!

Am jenseitigen Ende der Straße und Stadt stößt

man noch auf ein paar architektonisch anziehende Wohnhäuser, welche aus Resten des ehemaligen hier bestandenen Wilhelmiterkloster und der Jakobikirche hervorgegangen sind. Ungefähr in der Mitte von Orlamünde erhebt sich das alterthümliche Rathhaus, ein spätgothischer Bau, der im Jahre 1864 erneuert und auch erweitert wurde. An der Südseite prangt das Stadtwappen und das sächsische Wappen mit der Raute. Justizrath Commer, Bürgermeister von Orlamünde, hat in einigen Räumen mit viel Liebe und Fleiß ein höchst werthvolles städtisches Museum eingerichtet, das ganz besonders reich an Urkunden und Akten ist. Die älteste Urkunde, Orlamünde betreffend, trefflich erhalten, datirt noch aus dem Jahre 1194. Erzbischof Konrad von Mainz hat sie ausgestellt. Er hat damals in eigener Person die Kirche hier oben eingeweiht und die Besitzungen derselben feierlichst bestätigt. Der untere Theil des Thurmes rührt noch aus jenen fernen Tagen her. In dieser Urkunde wird Orlamünde bereits als urbs mit einem forum bezeichnet. Zwischen dem Jahre 1082, in welchem die alte Siedelung noch als Dorf angeführt wird, und 1194 wurde also der Ort zu einer Stadt erhoben.

Auch einen alterthümlich gewölbten Rathskeller besitzt das Stadthaus von Orlamünde. Gute alte Glasbilder hängen da am Fenster. Auch sonst weist dieser traulich zum Bechern anmuthende, kühle Raum noch manchen Wandschmuck, manche Kuriosität auf. Unter anderem prangt da das Bildniß eines Seelsorgers aus dem 17. Jahrhundert, ein frisches, rundes Gesicht mit

Anflug von Schnurrbart, breiter weißer Halskrause und feierlicher Amtstracht. Es ist: „Magister Gabriel Spitzel, Diaconus zu St. Jakob Heyl. Hr. Theophilii Spitzelii an ebe diese Kirch viel Jährige Hochverdiente Lehrers und Senior Minist. in Augspurg Sohn, seines Alters im 32. Predig=amts im 6. Jahr A. 1696."

Charakteristisch für jene Tage ist die das Bild noch näher erläuternde poetische Unterschrift:

„So sihst der werthe Mann Herr Spitzel von Gesicht
Den Augspurg billich liebt der Gaben schönes Liecht,
Frömkeit und Eyfers Trieb, die sich bey Jhm geselln,
Die hat des Künstlers Hand nicht wissen vorzustelln,
Gleichwie sein Bücher=Schatz vor vielen hat den Preiß.
So er der GOTT zu Lob ihn brauchet gleicher weiß.
Rühmt die gelehrte Welt des sel'gen Vaters Gaben,
So freut die Kirche sich Jhn noch im Sohn zu haben."

In dem wirklich gemüthlichen Rathskeller hängt auch noch ein buntgekröntes Reliefbild vom Kurfürsten Friedrich dem Weisen. Wir tranken dem wackeren Fürsten still zu, der einst so tapfer Thüringens großen Sohn Martin Luther vor Rom und Kaisermacht beschützt hatte.

Des Reformators Name ist vielfach mit Orlamünde verknüpft, das ob seiner Lage und Umgebung in früheren Zeiten auch sehr oft das Thüringer Bethlehem genannt wurde. Letzteres hat einst dem Dr. Martin Luther recht viel Kümmerniß bereitet. Gegen Ende des Jahres 1523 war nämlich der Magister Andreas Bodenstein, nach seiner Vaterstadt Karlstadt in Franken auch Karlstadt geheißen, nach

Orlamünde gekommen, und wie er zu Wittenberg den Bildersturm angeregt hatte, so daß damals Luther wie ein gereizter Löwe von der Wartburg aufbrach, so schürte er jetzt in dem stillen Saalneste die Flammen des Aufruhrs. Als das Unwesen immer höher stieg und die ganze Umgebung zu vergiften drohte, schien es Luther angezeigt, endlich persönlich einzugreifen. Am 22. August 1524 traf er in Jena ein, wo er im „Schwarzen Bären" übernachtete; am 24. August, Mittags 1 Uhr, hielt er in Begleitung des Hofpredigers Stein seinen Einzug droben in Orlamünde. Der Rath hatte die Bürgerschaft zusammenrufen lassen, die ihn mürrisch empfing. Hatte Luther in Jena bereits mit Magister Karlstadt ernsthaft verhandelt, so jetzt mit den Bürgern.

Die Verblendeten höhnten ihn aus und lachten. Besonders war es ein Schuster, welcher durch gelehrten Redeschwall und keck herausfordernde Rede dem Reformator hart zusetzte. Da riß Luther die Geduld. Er brach ab und verließ zornig die Stadt. Ueber diesen Abschied schreibt er dann selbst: „Ich war froh, daß ich nicht mit Steinen und Dreck ausgeworfen ward, da mir etliche derselben einen solchen Segen gaben: ‚Fahr hin in tausend Teufels Namen! Daß Du den Hals brächest, ehe Du zur Stadt hinauskommst!'" Auch hier nahm sich der Kurfürst seines Luther's an. Der Rath von Orlamünde erhielt einen scharfen Tadel, Magister Karlstadt aber ward des Landes verwiesen.

Die Sage freilich berichtet noch mehr. Danach hätten die wüthenden Weiber den Reformator auf eine Dungstätte gestoßen. Darauf hätte dieser einen schweren Fluch über die Stadt gethan, daß alle Weiber fortan Kröpfe sollten tragen und alle Brunnen versiegen. Noch heute findet man daselbst ein wasserleeres Felsenloch, das heißt das Martinsloch und soll an jene Tage erinnern, da der Kurfürst sein richtend Wort über die mit „Schwarmgeistern erfüllte Stadt" sprach.

Freundlicher muthet eine andere Erinnerung an den Reformator an. Am Vorabend vor Ostern 1523, den 4. April, war Katharina von Bora mit noch acht Nonnen aus dem Kloster zu Nimptschen heimlich entwichen. Luther nahm die Flüchtlinge auf und brachte Katharina beim Stadtschreiber Reichenbach in Wittenberg unter, sie zugleich durch Spalatin der Huld des Kurfürsten Friedrich des Weisen empfehlend.

Hier füllte die bisherige Nonne ihre Zeit damit aus, daß sie „durch fleißige Lesung der erbaulichen Schriften und Anhörung der erwecklichen Predigten Dr. Luthers", ihr Herz noch mehr der neuen Lehre erschloß und ihren Muth stählte. Der Anblick Luthers, sein kraftvolles Wirken, die Macht seines lebendigen Wortes hatte sie völlig gefangen genommen. Luther selbst lag alles Andere näher denn eine Heirath. Zu Spalatin meinte er damals spöttisch: „Mir sollen sie keine aufhängen!" Ja, er machte sich daran, das jugendfrische Adelsfräulein unter die Haube zu bringen, indem er sie zweien seiner Freunde sehr warm als Gattin empfahl, darunter auch dem Pfarrer von Orlamünde, Kaspar Glaz.

Als Katharina von Bora dies vernahm, erklärte sie dem Reformator rundweg, daß sie niemals einem anderen Manne als ihm allein die Hand zum Ehebunde reichen würde. Küster in seinem Buche „Dr. Martin Luther" schreibt darüber: „Als Luther sie darüber, daß sie keinen Gefallen hatte an denen, die sie zum Weibe begehrten, mit sanften Worten strafte, so erröthete die Jungfrau und schlug die Augen nieder und sprach: „Ich werde keinen zum Manne nehmen, es begehre mich denn der, dem ich meine Freiheit und reinen Glauben danke."

Jetzt erst entschloß sich Luther, um sie zu freien. Lukas Cranach hatte den Brautwerber gemacht und für den Reformator das Jawort empfangen. Was dieser später für sein Weib an innigen und tiefen Empfindungen im Herzen hegte, zur Zeit des ersten Ehestandes besaß er sie doch noch nicht. Denn damals konnte er noch an einen Freund schreiben: „Ich bin nicht verliebt und in Leidenschaft, aber ich bin ihr gut." Späterhin aber sagte er stolz von seiner herzlieben Käthe: „Ich achte sie theurer, denn das Königreich Frankreich und die Venediger Herrschaft!" Ihr selbst aber ruft er freudig zu: „Käthe, Du hast einen frommen Mann, der Dich lieb hat, Du bist eine Kaiserin!" — — —

Wir waren von Orlamünde wieder nach Naschhausen gestiegen und ließen uns in dem Gasthause ein Fischgericht trefflich munden. Dann warfen wir uns unweit des Dorfes in das Gras, starrten in den glitzernden Himmel hinein und lauschten den heimlichen Stimmen rings um uns in Busch und Strauch. Von Naschhausen führt in kurzer Zeit die Straße über Groß-Eutersdorf nach dem altenburgischen Kreisstädtchen Kahla. Obstbäume säumen die Landstraße ein, und die Saale zieht daneben hin als ein getreuer Wanderkamerad. Wohl wirbelte heute jeder Schritt den trockenen gelben Sand auf, mit dem Rain und Busch zu Seiten der Straße sich bedeckt zeigten. Und doch war es ein fröhliches, deutsches Wandern! Die Saale rauschte neben uns, der Freund sang, und wenn er 'mal stockte, dann hoben über uns in blauer Luft die Lerchen ihr Hallelujah an.

Das ungefähr 4400 Einwohner zählende Saalstädtchen Kahla birgt zwar in seinem Innern fast gar nichts Anziehendes und Alterthümliches mehr, aber seine stolze und wuchtig ummauerte Lage auf steiler Felsbastion gegenüber der gewaltig herrschenden Leuchtenburg leihen dem äußeren Stadtbilde etwas ungemein Malerisches und Packendes. Feuersbrünste und der Geschmack der Zeiten haben mit der altehrwürdigen Stadt fast ganz aufgeräumt. Auch das stattliche Gasthaus zum „Goldenen Löwen" am Markte, in dem es sich einst Kaiser Karl V. behaglich sein ließ, hat einem modernen „Hôtelbau" weichen müssen. Der malerischste und älteste Flecken innerhalb Kahla bleibt jedenfalls jener nach der Saale zu gelegene Theil, Burg geheißen, auf dem sich über prächtigen Mauerkolossen die alte Stadtkirche erhebt.

Kahla war zweifellos zuerst eine slawische Niederlassung. Slawen legten einst die stolzen Mauerwälle an. Dann kamen die Deutschen, errichteten eine Burg, und allmählich verschmolz Alles zu einem einzigen Bilde. Was sich heute noch an Befestigungsarbeiten dem Auge zeigt, gehört zumeist dem 14. Jahrhundert an. Die alten Thore sind bis auf eins gefallen. Doch haben sich noch verschiedene Thürme erhalten. Auch die Saalbrücke stammt in ihrer Anlage noch aus dem ersten Erstehen der Stadt. Von der Burg, seitlich der Stadtkirche, führen steile Treppengäßchen zum Saalufer nieder. So wenig schön auch die Stadtkirche — den schlanken Thurm ausgeschlossen! — in ihren Einzelheiten anmuthet, der Gesammteindruck bleibt doch ein fesseln= der. Ehe hier Aufschüttungen stattfanden, befand sich, gleichwie an der Stadtkirche zu Jena, unter dem Schlußjoche des Chors ein mit Kreuzgewölben ver= sehener Durchgang, die sogenannte Capete. Jetzt liegt diese, zugemauert, mit ihrem Fußboden unter der Erde. Der sogenannte Blutteich, welcher ehemals nahe der Kirche gewesen sein soll, ist auch verschwunden. Mit diesem Teiche hatte es folgende Bewandtniß:

Die Ueberlieferung vermeldet nämlich, daß das sonst trübe Wasser dieses Tümpels sich zwei Mal in klar fließendes, rothes Blut verwandelt haben soll, und zwar jedes Mal vor einem schweren Unglück, das Kahla und seine Einwohner treffen sollte. Um Johanni 1635 herum sah man zum ersten Male mit Schrecken den Teich roth gefärbt. Bald darauf drangen Kroaten und Kaiserliches Kriegsvolk in die Stadt, sengten und mordeten nach Herzenslust. Am 3. Dezember 1679, als Simon Trandorff Pastor zu Kahla war, vollzog sich das Wunder zum zweiten Male, und dann kam die Schreckenfeldtsche Sekte und hauste gar lange und unheilvoll in dem armen Städtchen. Seitdem hat sich der unheimliche Blutteich nicht wieder gefärbt, bis er endlich ganz verschwand. —

Die Steinstufen schmaler Gäßchen hinabschreitend, erreichen wir die Saalbrücke, von welcher sich erst ein vollständiger Anblick der prächtig über glatten Felswänden und verwettertem Mauergefüge thronenden Stadt erschließt. Von da geht's zur Leuchtenburg am rechten Saalufer empor. Eine echte Leuchtenburg! Sie beherrscht nicht nur in ihrer königlichen Hoheit das Saalthal weit hinaus — auch von ungezählten Punkten des Thüringer Waldes kann man sie bei klarem Wetter tief in blauer Ferne begrüßen. Freilich, für mein innerstes Empfinden — ich sehe von der ganz wundervollen Aussicht dabei ab, welche sich von ihrem Hauptthurme aus eröffnet! — ist die Leuchtenburg nur — um das unschöne Wort auch 'mal zu gebrauchen — eine „Distanz-Schönheit". Sie erfreut, begeistert von Weitem und lockt mächtig als Reiseziel. Tritt man aber hinein, ist man doch bedenklich ernüchtert. Wenigstens uns ging es damals so, als noch ein „Hof-Traiteur" mit goldblitzendem Wappen droben als gebieterischer Herrscher mit starker Faust und kraftvollem Worte hauste und in amerikanischer Reklamesucht die volle Vorderfront des Hauptgebäudes mit Riesenlettern seines Firmenschildes bedeckt hatte. Es soll jetzt droben wieder wohlthuender zugehen, aber die störend sich breit machenden Anbauten, welche dem Wirthschaftsbetriebe dienen, stehen doch sehr im Gegensatze erhoffter Burgromantik.

Trotzdem bietet die 400 m hoch und frei auf einem stumpfen Felskegel gelegene Veste mit ihren fünf

Thürmen und den 450 m langen Mauern äußerlich einen ganz imposanten Anblick. Aus dem Herrenhause, das auch eine sehr nüchterne Schloßkapelle umschließt, wächst gleichsam der glatt und rundgemauerte, mächtige Bergfrit empor, einer der am schönsten erhaltenen Burgthürme Thüringens, dessen unterer Theil noch dem 12. Jahrhundert angehört. Sehr malerisch wirken im Norden und Süden zwei ziegelgedeckte Mauerthürme, jener rund, dieser achteckig geformt. Im Verein mit den Mauern, Schießscharten und Zinnen gewähren sie ein hübsches Bild mittelalterlicher Befestigung. Auch in der Nähe des Schloßbrunnens (114 m tief) findet man noch Reste mittelalterlicher Anlage. Das mitten in dem Burghof 1724 erbaute Armenhaus dient heute zur Aufnahme von Sommergästen.

Unerforscht wird bleiben, wann die stolze Burg begründet war. Im Jahre 968 wird von einem Herrn Gottschalk von Leuchtenburg erzählt, eine Angabe, welche längst von der Wissenschaft zurückgewiesen ward. Urkundlich tritt die Veste erst im 13. Jahrhundert in das Licht der Geschichte. Damals befand sich die Leuchtenburg im Besitz des machtvollen Geschlechtes der Herren von Lobdaburg; im Jahre 1250 beim Hauptstamme Lobdaburg-Leuchtenburg. Durch Verkauf kam sie 1333 an die Grafen von Schwarzburg und ging dann aus einer Hand in die andere. Auch verschiedene Belagerungen mußte die Burg erdulden, zuletzt im Jahre 1451, in welchem der Landgraf von Thüringen sie gewaltsam dem kecken Bernhard von Vitzthum wieder entreißen mußte.

Im 16. Jahrhundert ward die Leuchtenburg zum Staatsgefängniß eingerichtet und wandelte sich dann, nachdem Feuer und Blitz sie mehrmals arg zerstört hatten, in ein Zucht-, Armen- und Irrenhaus um. Aus diesen Tagen stammen auch die 1724 errichteten, kahlen Gebäude, sowie die 1745 erbaute Kapelle. Erst 1871 schlug für die stolze Burg die Erlösungsstunde. Man befreite sie von der unwürdigen Bürde und richtete eine größere Gastwirthschaft droben ein.

Seitdem ist die Leuchtenburg ein stark besuchtes Ziel bechernder Vereine geworden, die über das, was man hier droben an Stimmungsgehalt völlig vernichtete, gedankenlos hinweggehen. Denn unser moderner süßer Reisepöbel — er findet sich bei Hoch und Niedrig! — legt nur noch an die Leistungen von Küche und Keller entscheidenden Maßstab. Im Uebrigen findet er sich leicht mit seinem aesthetischen Gewissen ab. Kellnerfracks, Kraftmesser, Automaten, schreiend bunte Maueranschläge innerhalb Ruinen geniren diese Art Massenreisenden durchaus nicht, für welche die mit Text bereits vorgedruckte, bunte Postkarte das Ideal moderner Errungenschaft auf der „Tour" bedeutet.

Zwischen Kahla und Lobeda, über welch letzterem Orte die Ruinen der Lobdaburg so verträumt trauern, bietet das Saalthal verhältnißmäßig wenig an landschaftlichem Reize. Es zeigt sich hier breiter und flacher. Auch bringt das Bahnhofsgetriebe bei Göschwitz, wo die Saalbahn von der Bahnlinie Weimar-Gera gekreuzt wird, etwas hinein, was nicht ganz dem Stimmungsgehalt der Wanderpoesie durch's Saalthal entspricht.

Dafür knüpft hier und dort die Sage an und verleiht dem Gelände damit einen eigenen Reiz. Da grüßt unter Obstbäumen das hübsch gelegene Dorf Rothenstein, das einst aus einer Sorbenniederlassung hervorging. Hinter ihm erhebt sich eine abschüssige Felswand. Sie erzählt uns von dem Trompeter von Rothenstein.

Das war im Dreißigjährigen Kriege. Kaiserliche und Schweden standen sich bei Kahla gegenüber. Ein Trompeter, ein junges, hübsches Blut, war mit einer wichtigen Meldung vom Hauptlager bei Kahla zur Nachtzeit hinüber an einen andern bei Oelknitz stehenden Trupp gesandt worden. Er war bereits ein gut Stück geritten, als er plötzlich das Herannahen einer feindlichen Reitermasse bemerkte. Im Osten dämmerte der Morgen inzwischen langsam auf. Jetzt hatten ihn die Gegner entdeckt und schickten sich zur Verfolgung des Trompeters an. Der aber gab seinem Pferde die Sporen und flog wie ein Pfeil über das Land. Der Raum zwischen ihm und seinen Verfolgern weitet sich bereits. Jetzt taucht er in ein Wäldchen ein und streift unter den Bäumen dahin. Da bäumt sich das Thier plötzlich. Ein Abgrund reißt vor ihm auf. In der Tiefe rauscht die Saale. Eine kurze Weile der Besinnung, des Zauderns! Näher dringt das Pferdegetrappel der Verfolger. Er denkt an seine Botschaft und empfiehlt seine Seele Gott. Im nächsten Augenblick ist der Todessprung gethan. Und siehe: er kommt glücklich unten am Ufer an, durchreitet mit dem erhitzten Thier den Fluß, und als er drüben das andere

Ufer erreicht hat, stürzt das treue Roß todt zusammen.
Den jungen Trompeter aber faßt unendliches Dankgefühl. Er setzt die Trompete an und durch den frischen Morgen hallt es siegesfroh und feierlich einher:

„Nun danket Alle Gott
Mit Herzen, Mund und Händen,
Der große Dinge thut
An uns, an allen Enden."

Da bricht sein Lied ab. Der junge Kriegsmann greift schmerzbewegt nach dem Herzen. Eine feindliche Kugel hat den eben noch so wunderbar Geretteten ereilt. Seine durch das Lied herbeigelockten Kameraden fanden ihn gegenüber Rothenstein am Ufer auf blumiger Wiese liegen. Die eine Hand hielt noch fest die Trompete umklammert, die andere war auf das Herz gepreßt, wo er die Botschaft trug, die ihm sein Leben gekostet hatte. Ein echter Reiterstod war ihm beschieden gewesen. — —

Alte Leute aus dieser Gegend haben früher auch sehr oft von der Geisterparade erzählt, welche zuweilen in nächtlicher Stunde auf den Feldern zwischen Kahla und Jena stattfand.

Als nach dem unglücklichen Gefechte bei Saalfeld 1806 die Preußen flohen, nahmen sie ihren Weg, bedrängt von den Franzosen, saalab nach Jena zu. Todte und Verwundete sind damals haufenweise unterwegs liegen geblieben, Manche eiligst eingescharrt, Andere wieder ihrem grauenvollen Schicksale überlassen. Was sich im Leben gehaßt und befehdet, nun nahm es Eine Erde auf. Seitdem soll es früher in so

manchen stillen Mondnächten nicht geheuer gewesen
sein. Tambours stiegen aus den Gräbern auf und
wirbelten mit knochigen Händen Reveille; gestorbene
Reiter sah man mit grinsenden Schädeln einhertraben;
das Fußvolk erhob sich und wankte aus den geöffneten
Gräbern hervor. Ein tolles, unheimliches Leben vollzog
sich auf den mondbeschienenen Feldern, bis die Glocken
aus den schlafenden Dorfsiedelungen Eins verkündeten.
Da war der Spuk zerstoben! Die Parade löste sich auf,
und all die armen, todten Soldaten legten sich wieder
schweigend nieder, den großen Schlaf weiterzuschlafen,
bis einmal die große Reveille zur ewigen Auferstehung
über die Lande dröhnt. —

Einen ungemein anheimelnden Eindruck macht das
kleine weimarische Städtchen Lobeda, das ungefähr
800 Einwohner zählt, und dessen Gassen bergig-hinan-
steigen zu der darüber trutzig horstenden Lobdaburg,
welche heute altenburger Besitz darstellt. In Lobda
giebt es für Kunstforscher auch noch allerhand zu
sehen: ein Fachwerkhaus mit hübschem Schnitzwerk; das
jetzt landwirthschaftlichen Zwecken dienende, ehemalige
Schloß der Herren von Lobdaburg, in welchem sie noch
hausten, als der herrliche Stammsitz droben längst nicht
mehr in ihren Händen war. Ferner ist am Rathhause
ein gut gearbeitetes Steinwappen der Stadt Lobeda
eingelassen. Am meisten bietet freilich die sehr interessante
alte Kirche, deren erste Anlage noch dem 13. Jahrhundert entstammt. In der schönen Kanzel, Schnitzereien,
Grabsteinen besitzt dieses Gotteshaus manch werthvolle
Arbeit. Originell sind auch die Malereien an den

Emporenbrüstungen, welche, in Tempera gemalt, Gedenktafeln verschiedener Stifter darstellen. Einige Verse nebst Inschriften (nach P. Lehfeldt) mögen hier folgen. Da finden wir an der Nordempore:

1. Von Tobias Heuglin, pfarher gestiftet, Orpheus mit den Thieren in bergiger Landschaft. Der Vers lautet:

> „Orpheus die harpffen schlecht (schlägt) zumal
> Und singt auch mit lieblichem Schal.
> Dem horen zu Baum Thier und Stein
> Wer wolt der Musik nicht hold sein."

2. An der Gedenktafel der Frau Judith von Erda geb. Schenkin von Stauffenberck 1582, welche knieend vor einem Kreuze dargestellt ist, während hinter ihr der Tod als Skelett mit der Sanduhr steht, lesen wir:

> „Herr erbarm Dich mein. —
> O mein Gott wann ich nur habe Dich
> Nach Himel und Erden nicht frag ich
> Wan mir gleich Leib und Seel verschmacht
> Dein creutz mein Hertzen grossen Trost macht."

3. Unter Heuglins Wittwe Katharina Gedenktafel vom Jahre 1582, der ein von strahlenden Wolken umflossener Christus beigegeben ist, welcher auf das Gerippe des Todes und die vielköpfige Schlange tritt, finden wir: „1582 vici.

> Thodt sünd teuffel. Leben und auch gnad
> In hende als ein sigfürst ich hab
> Aus höchster nott ich kan erretten
> All die in glauben zu mir tretten."

Sehr interessant ist auch eine Wandmalerei im Thurmerdgeschoß, unter welcher sich ehedem ein Seitenaltar befand. Diese spätgothische Arbeit zeigt uns Christus, gekrönt als König, Anna selbdritt, der heilige Michael wie andere Engel nähern sich ihm huldigend. Außer einem Wappen ist darunter auch das Schweißtuch der heiligen Veronika abgebildet mit einem Christuskopfe von höchst edlem Ausdrucke. —

Zwischen Lobeda und der Lobdaburg liegt auf halber Bergeshöhe eine recht hübsche Sommerwirthschaft, in deren Garten es sich unter breitwipfeligen Kastanien sehr gemüthlich rasten läßt. Von da geht's durch Hohlwege und malerisches Buschwerk empor zu den weit hinaus blickenden Ruinen der Lobdaburg. Sie zählt mit zu den besterhaltenen Burgen im Saalthale und bietet besonders in ihren romanischen Theilen sehr viel Interessantes. Deutlich lassen sich noch Anlage und Einrichtung des Schlosses erkennen. Besonders gut ist noch der Palas erhalten.

Die Dynasten von Lobdaburg, aus Franken stammend, waren ein sehr mächtiges Geschlecht. So saß Otto von Lobdaburg auf dem Bischofsstuhle von Würzburg. Er wurde vom Kaiser Friedrich I. mit dem Herzogthume Franken beliehen, und als Barbarossa seinen Todesritt nach Palästina antrat, setzte er den Lobdaburger als Reichsverweser ein. Im Jahre 1494 starb der letzte des stolzen Geschlechts, gänzlich verarmt in einem Hospiz, das einst die reichen Vorfahren in Jena begründet hatten. —

Zwischen den Ruinen auf und nieder kletternd,

faßen wir schließlich unter blühenden, wundersam
duftenden Büschen von Hollunder und Heckrosen nieder
und nahmen Abschied von diesem Tage, dem letzten
Frühlingstage dieses Jahres. Tiefer und tiefer sank
drüben die Feuerkugel hinter den leicht umschatteten
Saalbergen. Ein süßer, verträumter Farbenglanz lag
auf Thal und Feldern. Alle Schönheit, Innigkeit und
Kraft des Frühlings schien sich noch einmal heute der
Erde mitzutheilen. Tausend unsichtbare Glocken läuteten
in heimlichen Tönen durch die stille, abendmüde Welt,
und auch in meinem Herzen sang es leise:

> Scheiden thut immer dem Herzen weh,
> Auch von dem Frühling wohl. Ade!
> Doch die Rosen blühen im Sonnenschein,
> So wandern wir fröhlich in den Sommer hinein,
> Grüßen die Heimath, schwingen den Hut:
> Wandersleuten ist unser Herrgott gut!

IX.

Jena und Umgebung.

Die Strecke vom Dorfe Wöllnitz am Fuße von Lobeda bis zur lustigen Musenstadt Jena bietet einen Reichthum anheimelnder, echt deutscher Flußbilder. Man schreitet da längs der Saale zwischen hohem Riedgras, Weiden und prächtigen deutschen Pappeln hin. Zwischendurch grüßen bewaldete Uferhöhen, überragt von den gelbleuchtenden Kalkmauern noch höher ansteigender Felsengebilde. Auch wird man bereits in höchst charakteristischer Weise auf die eigenartige Saalstadt vorbereitet, wo der Philister immer noch gern dankbar und demuthsvoll über die ausgestreckten Beine der vor den Thüren sitzenden Studenten stolpert. Das saftige Grün von Wiese, Busch und Baum wurde auf dieser Wanderung sehr oft durch einen Trupp buntbemützter Musensöhne heiter unterbrochen, von denen immer ein gut Theil mit den Renommirkötern unterwegs zu sein scheint, um in den Wirthshäusern Thal auf und ab pflichtschuldigst und vom höheren Leertrieb beseelt nach dem Rechten zu sehen. —

Was Jena nicht nur den Thüringern, sondern

Allen, die dort einst Wissenschaft und Lebensfreude tranken, gilt, das braucht hier kaum noch gesagt zu werden. Ein Stückchen seines Herzens läßt ein Jeder hier. Das heitere, ungezwungene Leben, der sprudelnde Humor und kecke Uebermuth, welcher hier gleichsam in der Luft zu liegen scheint, der wechselvolle Reiz einer wahrhaft lachenden Landschaft, Jugend, Hoffnungsfreude: dies Alles klingt hier harmonisch zusammen. Die lustige Jenenserin ist fast sprüchwörtlich geworden. Selbst fern der Heimath verläugnet sie sich nicht in ihrer Munterkeit, Schlagfertigkeit und dem freimüthigen, sonnenklaren Wesen. Sie weiß mitzusingen und mitzubechern, ihr Fühlen und Denken ist durchsetzt mit studentischer Art und Sitte. Denn das Studententhum durchdringt und durchtränkt hier alle Kreise bis zum kleinen Mann herab, welcher sogar gern manchen Spott mit einsteckt, um der guten Sache Willen. Korpsgeist und Zusammengehörigkeit spricht aus Allem.

„Stoßt an! Jena soll leben!
Hurrah, hoch!
Stoßt an! Jena soll leben!
Hurrah, hoch!
Die Philister sind uns gewogen meist,
Sie ahnen im Burschen, was Freiheit heißt.
Frei ist der Bursch! Frei ist der Bursch!"

Wer an Jena zurückdenkt, der denkt an goldene Jugendzeit, und es wird ihm warm um's Herz. Alles Philisterthum gleitet sacht von ihm ab. Fritz Reuter, der farbentragende Armine, dessen Bild droben im Burgkeller, im Kneipraum der Arminen hängt, der

seine Begeisterung für die gute Sache mit Freiheit und
Gesundheit bezahlen mußte, was ihm trotzdem Jena
all sein Lebtag geblieben ist: sein Landpfarrer in
„Hanne Nüte" findet dafür die rechten Worte:

„Ach Jena! Jena! Lieber Sohn,
Sag' mal, hört'st Du von Jena schon?
Hast Du von Jena mal gelesen?
Ich bin ein Jahr darin gewesen,
Als ich noch Studiosus war;
Was war das für ein schönes Jahr!
Ach, geh' mir doch mit Mutters Schwaan
Und mit des Alten Engeland,
Nein, Ziegenhain und Lichtenhan,
Und dann der Fuchsthurm, wohlbekannt,
Und auf dem Keller die Frau Vetter —
Es war ein Leben wie für Götter! —
Trink mal, mein Sohn, trink aus den Wein;
Ich schenk' uns Beiden wieder ein. —
Und auf dem Markte standen wir,
Zur Hand ein Jeder sein Rappier,
Und Terz und Quart und Quartrevers —
Gieb mir Dein Glas nur wieder her —
Die flogen links und rechts hinüber!" — —

Und wie liebte Goethe dieses „närrische Nest", wo
er sich immer glücklich, immer zum Dichten ermuntert
fühlte! Wie oft kam er in jungen Jahren mit der
ausgelassenen Schaar der Künstler und Hofleute von
Weimar herüber, hier einmal wieder Frohsinn und
Lebenslust aus überschäumenden Bechern zu trinken!
Lautete doch auch sein poetischer Wochenkalender
wie folgt:

„Donnerstags nach Belvedere,
Freitag geht's nach Jena fort,
Denn das ist, bei meiner Ehre,
Doch ein allerliebster Ort.
Samstag ist's, worauf wir zielen;
Sonntags rutscht man auf das Land,
Zwätzen, Burgau, Schneidemühlen
Sind uns Allen wohlbekannt."

Die eigentlichen Bierdörfer und sonstigen Heilquellen für den ewigen Durst sind in diesem Kalender noch gar nicht mal aufgeführt und mögen vor 120 Jahren vielleicht auch noch nicht „Weltruhm" genossen haben. Heute kennt der jenenser Bursch ein paar Dutzend solcher Bierdörfer, wo man aus den hölzernen Kannen (Stübchen) das trübwolkige „Lichtenhainer" trinkt wie Biere ähnlichen Charakters. In einer Reihe dieser Bierdörfer gaben wir denn auch am nächsten Vormittag unsere Karten ab. Allüberall regte sich frisches, studentisches Leben. Man kegelte, paukte, sang und trank, während die Sonne feurige Gluthwellen auf das blühende Thal niedersandte. —

Ueberreich ist Jena mit geschichtlich bedeutsamen und litterarischen Erinnerungen verknüpft. Mit seinem Namen verbindet sich das schmerzvolle Angedenken an Preußens jähen Niedergang, an jene für deutsche Waffen so traurige Schlacht, in welcher der siegreiche Korse das Reich Friedrich's des Großen zur Demuth niederzwang. Mit Jena ist aber fortan unlöslich die Reckengestalt des Begründers des Deutschen Reiches verbunden, Bismarck's, welcher auf seinem beispiellosen

Triumphzuge von Wien durch Süddeutschland in der Nacht vom 30. zum 31. Juli 1892, sechs Jahre vor seiner Todesnacht, hier eingetroffen und im „Schwarzen Bären" abgestiegen war. Am Nachmittage hielt er dann auf dem von Menschen dichtgefüllten Marktplatze eine flammende Rede, just an der Stelle, wo sich heute der mit seinem Bildnisse geschmückte Bismarckbrunnen erhebt.

Außer dem Bilde Bismarck's zeigt der „Schwarze Bär" in Front seines ehrwürdigen Hauses noch das des Reformators Dr. Martin Luther, der hier verschiedene Male gewohnt hat. Als er, von den Unruhen der Bilderstürmer zum Zorn angestachelt, von der Wartburg plötzlich aufbrach, nahm er den Weg über Jena. Hier traf ihn im März 1522 der Schweizer Johann Keßler als Junker Jörg in der Wirthsstube mit Psalter und Schwert sitzend.

So ist Jena mit dem Erinnern an drei der größten Deutschen verknüpft: Luther, Goethe, Bismarck. Und nennen wir den Namen Goethe, so darf auch Schiller nicht fehlen. In Rudolstadt hatten sie sich persönlich kennen gelernt, ohne innerliche Annäherung gefunden zu haben. Hier in Jena sollte jener ideale Bund geschlossen werden, den erst der so frühe Heimgang Schiller's schmerzlich lösen sollte.

Jenseits der Saalbrücke, gegenüber der Musenstadt, liegt das Dorf Wenigenjena. Seinen dörflichen Charakter hat es jedoch längst eingebüßt. Die mächtig sich breitende Industrie räumt in so manchen Theilen des Saalthales immer mehr mit dem Idyll und der Poesie

grausam auf. Fast wehmüthig blickt aus dem etwas
sozialdemokratisch angehauchten, unfreundlichen Häuser-
gewirr des einstigen Dorfes das altersmüde, graue
Kirchlein, in dem sich am 22. Februar 1790 Schiller
mit seiner Charlotte von Lengefeld „der Kosten wegen
ganz einfach und still" trauen ließ. Nahe des Dorfes,
thalab am rechten Ufer, finden wir Thalheim, eine
parkumschlossene Besitzung des Legationsraths von
Tümpling, dessen Schloß einen Reichthum werthvoller Er-
innerungsstücke aus der Familie (auch der Feldmarschall
von Schwerin war ihr verwandt!), wie manch kostbares
Erzeugniß des Kunsthandwerks besitzt. Dort im Park
steht jetzt außer einer Darstellung des „Erlkönigs" die
eiserne Büste des unsterblichen Dramatikers, welche
früher den jetzt völlig umgestalteten Schillergarten in
Jena zierte, den der Dichter 1796 als ganz schlichten
Grasgarten mit Obstbäumen käuflich an sich gebracht
hatte, und der bis in unsere Tage ein Wallfahrtsort
der Andacht gewesen war. Denn hier war sein
„Wallenstein" entstanden, hier hatte er an einem alten
Steintische mit Goethe zusammen jene so Aufsehen er-
regenden „Xenien" geschmiedet. Ein Stein mit der Inschrift: „Hier schrieb Schiller den Wallenstein", erinnert
daran. Rechts von diesem schlichten Erinnerungsmal
hat man im Jahre 1889 an einem Rundsitz die Marmor-
büste des großen Dramatikers aufgestellt. An der
Saalbrücke stand auch noch bis 1899 das alte Gasthaus
„Zum grünen Baum", das jetzt einem Umbau unterzogen wird, in welchem Goethe einst die beiden Balladen
„Der Erlkönig" und „Der Fischer" dichtete, und am

12. Juni 1815 die deutsche Burschenschaft begründet ward.

Schiller und Goethe! Kein Kulturvolk der Erde hat ein gleiches Freundespaar aufzuweisen! Und wie langsam, zögernd-vorsichtig reifte dieser Seelenbund heran! Dieser, immer festes Land unter seinen Füßen, gemessen, sicher; Jener, stürmisch vorwärts drängend, mit der herrlich-kühnen Stirn die Wolken des Himmels gleichsam berührend!

An einem Maientage des Jahres 1795 war es. Goethe hatte den vorangegangenen Winter mit seinem treuen Anhänger Meyer ziemlich zurückgezogen gelebt. Zu poetischen Arbeiten hatte er weder Neigung noch Anregung gefunden. Mehrmals war er nach Jena hinübergekommen. Eines Tages sollte er nun auf offener Straße Schiller begegnen. Der Anblick des damals schwer leidenden Dichters hatte Goethe trotz stiller Gegnerschaft tief erschüttert. Schiller erschien ihm wie das Bild des Gekreuzigten, und er sprach es zu Meyer aus, daß der schwer mit Arbeit und Krankheit Ringende wohl höchstens noch vierzehn Tage leben dürfte. Und doch sollte von diesem siechen Manne eine Flamme noch einmal auflodern, an welcher sich die zusammengesunkene Flamme Goethe's herrlich auf's Neue entzünden durfte.

Ein paar Tage später waren Beide in einer Sitzung zugegen, welche Professor Batsch in der von ihm gegründeten naturforschenden Gesellschaft abhielt. Ein glücklicher Zufall fügte es, daß Beide zugleich den Saal verließen und nun auf dem Heimwege ein lebhaftes Gespräch über Naturforschung führten, wobei Schiller die Bemerkung fallen ließ, daß diese zerstückelte Art, die Natur zu behandeln, dem Laien doch gerade nicht recht erfreulich sein könnte. „Ich erwiderte darauf," so schreibt Goethe, „daß sie dem Eingeweihten selbst vielleicht unheimlich bleiben und daß es doch wohl noch eine andere Weise geben könne, die Natur nicht gesondert und einzeln vorzunehmen, sondern sie wirkend und lebendig, aus dem Ganzen in die Theile strebend, darzustellen. Er wünschte hierüber aufgeklärt zu sein, verbarg aber seine Zweifel nicht; er konnte nicht eingestehen, daß ein solches, wie ich behauptete, schon aus der Erfahrung hervorgehe. Wir gelangten zu seinem Hause; das Gespräch lockte mich hinein; da trug ich die Metamorphose der Pflanze lebhaft vor und ließ mit manchen charakteristischen Federstrichen eine symbolische Pflanze vor seinen Augen entstehen. Er vernahm und schaute das Alles mit großer Theilnahme, mit entschiedener Fassungskraft an; als ich aber geredet, schüttelte er den Kopf und sagte: das ist keine Erfahrung, das ist eine Idee! Ich stutzte, verdrießlich einigermaßen; denn der Punkt, der uns trennte, war dadurch auf's Strengste bezeichnet. Der alte Groll wollte sich regen, ich nahm mich aber zusammen und versetzte: das kann mir sehr lieb sein, daß ich Ideen habe, ohne es zu wissen, und sie sogar mit Augen sehe."

Schiller, die Meinung des Anderen ehrend, wenn auch nicht anerkennend, antwortete wie „ein gebildeter Kantianer". So verharrte Jeder bei seiner Ansicht. Zu einem freudigen Ergebniß hatte dieses erste Zusammensein nicht geführt. Trotzdem war der erste Schritt doch geschehen. „Schiller's Anziehungskraft war groß, er hielt Alle fest, die sich ihm näherten." Am 13. Juni forderte er Goethe zur Mitarbeiterschaft an seiner Zeitschrift „Die Horen" auf. Meisterhaft hatte er dabei die Worte gesetzt, und Goethe zeigte sich auch sehr erfreut und antwortete bereits am 21., daß er mit Freuden und mit ganzem Herzen wolle von der Gesellschaft sein. Und daß es ihm ernst mit dieser Freude war, geht daraus hervor, daß er an Fritz von Stein, an Jacobi und Frau von Kalb bald darauf Mittheilung machte, Schiller sei freundlicher und zutraulicher geworden.

Im Juli kam Goethe abermals nach Jena, und jetzt erfolgte in einem „Gespräch" mit Schiller die erste Verständigung im Einklang künstlerischer Glaubensbekenntnisse. Am 23. August fand dann die feierliche Weihe des geschlossenen Bundes statt. In einem wundervollen Briefe zog Schiller „die Summe von Goethe's Existenz". Indem er theilte zwischen Beiden, gab er dem älteren Freunde alle Tugenden, von sich selbst nur die Mängel berührend. Er feierte die gleichgewogene Kraft und den beobachtenden Blick Goethe's, „der so still und rein auf den Dingen ruht". — „Sie suchen", schrieb er, „das Nothwendige der Natur, aber Sie suchen es auf dem schwersten Wege, vor welchem jede schwächere Kraft sich wohl hüten wird. — Von der einfachsten Organisation steigen Sie, Schritt für Schritt, zu den mehr verwickelten hinauf, um endlich die verwickeltste von allen, den Menschen, genetisch aus den Materialien des ganzen Naturgebäudes zu erbauen. Dadurch, daß Sie ihn der Natur gleichsam nach‍erschaffen, suchen Sie in seine verborgene Technik ein‍zudringen. Eine große und wahrhaft heldenmäßige Idee, die zur Genüge zeigt, wie sehr Ihr Geist das reiche Ganze seiner Vorstellungen in einer schönen Einheit zusammenhält." Und dann geht er in großer und gerechter Würdigung auf den Dichter Goethe ein.

Die Antwort war, daß Goethe um Schiller's Werde‍- und Geistesgang bat. Schiller antwortete damit, daß er den Anderen als das intuitive Genie feierte, sich selbst aber nur als eine gewisse Zwischenart zwischen Begriff und Anschauung bezeichnete. Wehmüthig er‍greifend schließt der von Ahnungen eines frühen Todes erfüllte Dichter: „Kann ich dieser beiden Kräfte (Begriff und Anschauung) in so weit Meister werden, daß ich einer jeden durch meine Freiheit ihre Grenzen bestimmen kann, so erwartet mich noch ein schönes Loos; leider aber, nachdem ich meine moralischen Kräfte recht zu kennen und zu gebrauchen angefangen, droht eine Krankheit meine physischen zu untergraben. Eine große und allgemeine Geistesrevolution werde ich schwerlich Zeit haben, in mir zu vollenden, aber ich werde thun, was ich kann, und wenn endlich das Gebäude zu‍sammenfällt, habe ich doch vielleicht das Erhaltungs‍werthe aus dem Brande gerettet." —

Noch manch berühmten Mannes Name in Wissen‍schaft und Kunst ist mit der freundlichen Musenstadt dauernd verknüpft. Ein Gang durch ihre Straßen und Gäßchen mit den durch Inschrifttafeln gekennzeichneten

Häusern erzählt uns dies auf's Eindringlichste. Leider ist jedoch Alt-Jena mehr und mehr im Entschwinden. Wer es ein paar Jahrzehnte nicht aufsuchte, wird sich in manchen Theilen kaum noch zurechtfinden. Es reckt und streckt sich nach allen Seiten und hat längst eifrig Hand angelegt, auch der altehrwürdigen Innenstadt ein glänzend-modernes Gewand anzuziehen. Im gewissen Sinne bleibt dieses zu bedauern. Aber dem Wunsche nach Luft und Licht wie auch Bequemlichkeit kann man keinen stichhaltigen Grund mehr entgegensetzen. Leider ist aber der modernen Bauwuth 1897 eines der sieben „Wunder" Jena's zum Opfer gefallen, das architektonisch sehr interessante und stattliche Weigel'sche Haus. Die übrigen Wunder, welche der Musenstadt noch verblieben sind, bestehen aus der Durchgangshalle an der Stadtkirche unter dem Altar, dem Schnapphans am Rathhause, einem von Studenten im 17. Jahrhundert zusammengesetzten Drachengerippe, der Saalbrücke, dem Hausberge, sowie seinem darauf stehenden Fuchsthurm. Ein lateinisches Distichon faßt diese Wunder Jenas knapp wie folgt zusammen:

„Ara, caput, draco, pons, mons, vulpecula turris,
Weigeliana domus, septem miracula Jenae."

Der Lokalpoet von Jena aber fügt hinzu, den Fuchsthurm als höchstes Wunder preisend:

„Doch offen Fuchsdorm dhun märr uns
Där allen Dingen dicke."

Als Ersatz für das eingegangene Weigel'sche Haus, welches so viele Stockwerke übereinander besaß, daß man, vom Keller aus nach dem Himmel sehend, am lichten Tage die Sterne betrachten konnte, ist übrigens von der gesammten Studentenschaft ein neues Wunder zur Andacht vorgeschlagen. Es besteht nämlich die Thatsache, daß ein Student eines Tages ein Zehnmarkstück auf die Sparkasse tragen „wollte", was einen ungeheuren Volksauflauf erregt haben soll. Die vereinten Korporationen der Studentenschaft Jena's haben einstimmig ihr Urtheil dahin abgegeben, daß so etwas noch nicht dagewesen sei, aber auch niemals wieder vorkommen wird.

Wer in Jena studirt hat, der weiß auch, daß die Musenstadt eigentlich zwei Kollegiengebäude besitzt. Dieses zweite ist der „Weimarische Hof", die „Aula Vimariensis", wo die Buntbemützten ihren Dämmerschoppen einzunehmen geruhen. Der fröhliche Uebermuth der Studenten hat dem „Kämmer-Karl" daselbst, dem Wirthe, den Titel „Dr. med. im 4. Semester" honoris causa verliehen, damit er auch die jüngeren Semester, welche bei ihm aus und ein gehen, spinnen lassen und so zu „ihrer Erziehung" beitragen kann. Er immatrikulirt die Füchse und ermahnt sie ernsthaft zu recht fleißigem „Kollegbesuch". Ihm ist auch die Machtbefugniß verliehen worden, gar zu lange Schwänzende in die gehörige Strafe zu nehmen.

Kämmer-Karl liest meist privatim. Doch um die Fastnachtzeit herum, da setzt er auch im Bewußtsein seiner Macht und Würde einen dies academicus an. Das wird denn sein Hauptkolleg, bei dem sich alle Verbindungen zusammenfinden. Nach einmüthiger Ansicht soll es bei diesen Vorlesungen nicht so trocken hergehen, als wie bei manchen gelehrten Amtsbrüdern des originellen „Dr. med. im 4. Semester".

Die eigentliche Stätte, von wo aus Jena's Ruhm seit Jahrhunderten hinaus in die Welt strahlte, die alte Universität macht den schlichtesten, ja, fast einen ärmlichen Eindruck. Der nun heimgegangene greise, gütige Landesherr, Großherzog Karl Alexander von Weimar, kehrte jedes Jahr hier ein, alter, lieb gewordener Gewohnheit folgend, ein paar Kollegs inmitten der jungen Musensöhne beizuwohnen. Dafür ist letzteren altheiliges Recht und freudige Pflicht, alljährlich einmal zur Landeshauptstadt zu eilen, um im dortigen Hoftheater in Schiller's „Räubern" das wilde Lied: „Ein freies Leben führen wir" anzustimmen. Der Student, welcher mit seinem frischen, burschikosen Wesen und Treiben alle Kreise Jena's durchdringt, er allein hat auch der traulichen Musenstadt den Schimmer eigenartiger Romantik verliehen. Dem aber, welcher einst Jena zur Universität sämmtlicher ernestinischer Länder erhob und damit dem stillen Saalstädtchen geistiges Leben und eigenes Gepräge gab, hat man auf dem Marktplatze mit Recht und in Dankbarkeit ein stattliches Denkmal errichtet. Seit 1858 erhebt sich daselbst das von Drake modellirte, sehr charakteristische Erzbild des Kurfürsten Johann Friedrich.

Jena hat sich seines groß und frei denkenden Universitätsstifters würdig gezeigt. Dreiundeinhalbes Jahrhundert lang hat es eine Ehre darin gesucht, stets eine Hochwarte freier Wissenschaft zu bleiben, ein Hort unverfälschten Protestantenthums.

Als Kurfürst Johann Friedrich nach der unglücklichen Schlacht bei Mühlberg 1547 als Gefangener Kaiser Karl's V. außer Landes geführt wurde, hielt er auf seiner Reise auch Rast im Burgkeller zu Jena. Hier soll ihm zuerst der Gedanke aufgegangen sein, Jena als Ersatz für Wittenberg, der „verlorenen Gottesstadt", zur Universität einzurichten. Seine Söhne, denen ein Theil seines Landes überwiesen war, folgten in sofern seinem Plane, daß sie zuerst eine Akademie einrichteten, welche Nikolaus von Amsdorf am 19. März 1548 feierlich einweihte. Melanchthon trat als Professor an. Doch angewidert von den theologischen Zänkereien, kehrte er bald wieder nach Wittenberg zurück. Nachdem Johann Friedrich nach fünfjähriger Abwesenheit befreit wieder heimkehren durfte, zog es ihn auch nach dem neuen Musensitze. Als er die ersten Studenten erblickte, welche ihm feierlich entgegen gezogen kamen, rief er in heller Freude aus: „Siehe da, Bruder Studium!" Zur wirklichen Universität konnte Jena aber erst thatsächlich eingeweiht werden, als der fürsorgliche Landesfürst nicht mehr unter den Lebenden weilte. Dies geschah am 2. Februar 1558. Als die Seuche in Jena ausbrach, siedelte die Universität 1578—1579 nach Saalfeld über. Mitte des 18. Jahrhunderts sah sie ihre höchste Blüthe. Damals stieg die Anzahl der Musensöhne bis an 3000 auf. Von dieser Höhe ist sie längst und ganz bedeutend herunter. Daß hier die Burschenschaft gebildet und freipolitische Ideen gepflegt wurden, hat lange Zeit Jena in den Augen furchtsamer Regierungen zu einem Tummelplatz umstürzlerischer Tendenzen gemacht, das man als Demagogennest argwöhnisch und grausam bewachte. Das hat auch der farbentragende Armine Fritz Reuter schmerzlich erfahren müssen.

Einige dem Sprachgebrauch eingereihte seltsame Worte verdanken übrigens dem Universitätstreiben Jena's ihre Entstehung. Als Melanchthon damals Jena verließ, geschah es besonders wegen der Fehden zwischen den Professoren Stiegel und Flacius. Die Grobheit des Letzteren war so wuchtig, daß man seitdem in Thüringen jeden Grobian „Fläz" nannte. — Als einmal in einer Rauferei zwischen Bürgern und Studenten einer der Letzteren auf dem Platze todt liegen blieb, wählte bei der Beerdigung der damalige Superintendent in seiner donnernden Rede als Textwort aus dem Buche Richter XVI, 20: „Philister über dir!" Seitdem ist der Ausdruck Philister im Schwange. Auch die Bezeichnung „salbadern" stammt aus Jena und bezog sich ursprünglich auf einen sehr geschwätzigen Bader, welcher in Jena nahe der Saale wohnte.

Auf dem Eichplatz an der Johannisstraße erhebt sich seit 1883 das schöne, von Donndorf modellirte Burschenschaftsdenkmal in karrarischem Marmor, das am Postament die Bronzemedaillons der drei Begründer der Burschenschaft zeigt. Daneben breitet die 1816 von der Burschenschaft gepflanzte Friedenseiche ihre Wipfel aus.

Zwischen Johannisthor, durch welches der Weg hinauf zum freundlich und hoch gelegenen Forsthause geht, und dem Marktplatze finden wir zusammengedrängt ein gut Theil der Sehenswürdigkeiten. Da

ist das alterthümliche Rathhaus, wahrscheinlich um
1400 entstanden, welches dem Architekten manch inter=
essante Einzelheit bietet. Es birgt auch das altbekannte
Gastzimmer, die „Zeise" genannt (Accise). In der Nähe
erhebt sich auf dem höchsten Punkte der Stadt die
Michaeliskirche, eine Fülle von Werken der Kunst und
des Kunsthandwerks umschließend. Daran stößt der den
Arminen gehörende Burgkeller, ein in derber Hoch=
renaissance ausgeführter Bau, in dessen prächtigen
Kneipräumen es sich gar wohlig bechern läßt.

Was Jena an Kunstschätzen und Sehenswürdig=
keiten besitzt hier aufzuzählen, würde den Rahmen eines
Wanderbuches weit überschreiten. Wer Zeit findet,
versäume nicht, das Schloß, die Universitätsbibliothek,
die verschiedenen Sammlungen zu besuchen, vor Allem
auch einen Gang über den alten Friedhof zu machen,
von dessen Denksteinen uns so viele bekannte und be=
rühmte Namen grüßen und der auch sonst manch
malerische Einzelheiten und alte, werthvolle Grabmale
aufweist.

Die nähere und weitere Umgebung Jena's ist reich
an lieblichen Ausflugszielen und Stätten der Er=
innerungen litterarischer oder ernst geschichtlicher Art.
Zu den Letzteren zählt das Schlachtfeld von Jena, auf
dem am 14. Oktober 1806 die eisernen Würfel über
Preußens Niedergang fielen. Man gelangt durch den
Hohlpaß des Steigers, welchen Napoleon's Artillerie
am Abend vor der Schlacht unter harten Mühen
emporkletterte, zuerst nach dem Landgrafenberge, wo
sich heute eine im Burgstil ausgeführte, hübsche Wirth=

schaft befindet. Von da aus erreicht man den 368 m hohen Windknollen, eine freie Anhöhe, auf welcher der Korse in der Nacht vom 13. zum 14. Oktober inmitten seiner Truppen das Biwack bezog. Der hier oben später aufgerichtete Napoleonstein erinnert an jene Tage demüthigender Schmach. In Front des Windknollen treten die Dörfer Kospeda, Klosewitz und Lützeroda hervor, welche damals Tauenzien inne hielt, bis er sie unter dem Ansturm der Franzosen opfern mußte und sich in wilder Flucht rückwärts auf das meiningische Dorfe Vierzehnheiligen zog, wo das Gros der preußisch-sächsischen Armee unter dem Fürsten von Hohenlohe stand. Hier erfolgte dann die blutige Entscheidung, indem die Franzosen unter Ney Vierzehnheiligen siegend besetzten. 50,000 Mann gingen da dem deutschen Heere verloren. Der Rest stob in wilder Flucht von dannen. Zum Gelingen dieses so wehevollen Sieges trug der Verrath des Pfarrers von Wenigenjena mit bei, welcher in der vorangegangenen Nacht das Soult'sche Korps heimlich durch das Rauchthal in die Flanken der überraschten Preußen führte. —

Ganz reizend rastet es sich auch im „Paradies", von wo sich längs des linken Saalufers thalauf schattige Parkanlagen zum Lustwandeln anschließen. Wir genossen im „Paradies" vorschriftsmäßig denn auch 'mal Saalfische, mehr um der Wissenschaft denn des Genusses wegen, und ergötzten uns dabei an dem farbenreichen und lauten Gewühl, das sich auf dem Schützenplatze drüben in Kamsdorf entfaltete. Nachmittags aber ging's hinauf zum Fuchsthurm, dessen kreisrunde

Steinſäule weit hinaus das Saalthal auf und ab beherrſcht.

Ob der Fuchsthurm ſeinen Namen von den ſtudentiſchen Füchſen oder von den zahlreichen Verwandten des ſchlauen Meiſters Reinicke erhalten hat, welche die Kalkſteinhöhlungen des Hausberges bevölkern, bleibt heute unnachweisbar. Jedenfalls iſt der Fuchsthurm mit ſeinen ihn umgebenden Gartenwirthſchaften, den prächtigen Ausblicken, das gefeiertſte Ziel der Bürger Jena's. Da bringt denn ein Jeder ſein Stück Fleiſch, ſeine Wurſt mit, um ſich droben auf den zur freien Verfügung ſtehenden Roſten ſein „Roſtbrätchen" ſelbſt recht knuſprig zu ſchmoren, ein Glas trefflichen Bieres dazu zu leeren und die Schönheit der Heimath dabei immer wieder gerührten Sinnes zu preiſen.

Einſtmals krönten den gewaltig ſteil aufragenden Hausberg drei feſte Steinburgen: Greifberg, Windberg und Kirchberg, ſeit Kaiſer Friedrich I. ſämmtlich den mächtigen Burggrafen von Kirchberg zu eigen. Vorher wird Schloß Kirchberg im Jahre 1123 als Eigenthum des Markgrafen von Meißen urkundlich erwähnt. Markgraf Heinrich der Jüngere hielt hier oben ſeinen Vetter Konrad von Groitzſch ein Jahr lang in einem eiſernen Käfig gefangen, „damit ihn die Fliegen und Weſpen deſto beſſer plagen könnten".

Schloß Windberg wird 1267 zum erſten Male erwähnt, als Burggraf Otto IV. droben wohnte. Die ſtärkſte aller drei Veſten aber war der Greifberg, der noch als Aufenthalt diente, als die Schweſterburgen längſt in Schutt und Trümmern lagen. Im Jahr 1304 erfolgte deren Zerſtörung. Die muthmaßliche Urſache ist wohl die gewesen, daß Otto IV. in seinem Streit mit den Erfurtern, welche 1300 ihm das Schloß Hopfgarten geschleift hatten, auf Rache sann. Denn die braven Erfurter waren nicht auf halbem Wege stehen geblieben, sondern hatten neununddreißig Gefangene hinrichten lassen. Unter diesen adeligen Opfern befanden sich auch Verwandte Otto's. So war er in Fehde gerathen, welche leider nicht zu seinem Glücke ausgetragen werden sollte. Denn die Erfurter erhielten unvermuthet kräftige Unterstützung seitens des Landgrafen Albrecht des Unartigen, welcher bereits früher mit dem Kirchberger Händel gehabt hatte. Am 1. Mai rückten die Erfurter mit starkem Heere heran. Ihnen hatten sich zugeschworen die Mühlhäuser und Nordhäuser, die Grafen von Orlamünde, die Herren von der Lobdaburg und Leuchtenburg. Albrecht der Unartige war durch seinen Marschall, Hermann Goldacker, vertreten. Vor dieser gewaltigen Macht mußten die Burggrafen von Kirchberg nach zweimonatlicher tapferer Abwehr schließlich die Waffen strecken. Burg Kirchberg und Windberg wurden zerstört, Greifberg erhielt eine Besatzung von Erfurter Mannschaft. Dem redlich sich wehrenden Burggrafen Otto IV. ward freier Abzug zugestanden. Letzterer nahm seine Zuflucht zum Bischofe von Naumburg. 1307 kam dann ein Frieden zu Stande. Der Kirchberger erhielt seine Besitzungen zurück und schloß mit den Städten ein Schutz- und Trutzbündniß. Durch Kauf gelangte nach dem Tode Otto's IV. 1331 das wieder aufgebaute Windberg in die Hände des Grafen von Schwarzburg.

Als später der sogenannte „Grafenkrieg" zu Ende

war, in welchem Landgraf Friedrich der Ernsthafte gegen die Grafen von Schwarzburg und deren Bundesgenossen zu Felde gerückt war, mußte der Burggraf Albrecht von Kirchberg, welcher an der Seite der Schwarzburger gekämpft hatte, auf den starken Greifberg Verzicht leisten und dieses Schloß an den thüringer Landgrafen abtreten.

Das Geschlecht der Burggrafen von Kirchberg, welches späterhin anderweitig begütert war, starb im Jahre 1799 aus. Die Geschichte der drei Burgen entbehrt seit dem Grafenkriege weiteren Interesses. Vom Jahre 1358 bildeten sie zusammen das Amt Windberg und wurden politisch zu dem Lande Meißen gerechnet. Vögte herrschten seit dem Beginn des 15. Jahrhunderts droben. Die früheren Annahmen, daß im „Bruderkriege" zwischen Friedrich dem Sanftmüthigen und Wilhelm dem Tapferen alle drei Burgen in Trümmern sanken, darf wohl als unhaltbar bezeichnet werden, da sie noch lange darnach des öfteren bewohnt gewesen sind. Das Alter und die Stürme der Zeit wandelten sie nach und nach in Ruinen, deren Steine in die Ortschaften hinabgeholt wurden, vor allem aber zum Bau der im Jahre 1480 hergestellten Kamsdorfer Brücke dienten, wie der weimarische Hofrath Hortleder in seiner Beschreibung des Amtes Jena 1629 erzählt.

Der stattliche Bergfrit der Veste Kirchberg, unser heutiger „Fuchsthurm", wäre wahrscheinlich auch dem Verfalle preisgegeben gewesen, hätte nicht Herzog Johann von Weimar, der Vater des berühmten Bernhard von Weimar, im Jahre 1584 Befehl zu einer gründlichen Wiederherstellung gegeben. So blieb uns dieser stolze Thurm als letzte Erinnerung an jene „drei Schlösser auf einem Berge" — wie es im elsässer Wahlspruch heißt — bis heute erhalten. Vielleicht hätte das 19. Jahrhundert den Zusammenbruch des Thurmes erlebt, hätte sich nicht die Gemeinde Ziegenhain mit Eifer und rührender, dankenswerther Opferwilligkeit in's Zeug gelegt, so daß der alte Herr im Jahre 1836 auf's Neue einer durchgreifenden Wiederherstellung unterzogen werden konnte. Professor Wiedeburg in Jena hatte bereits im Jahre 1784 einen Weg von Ziegenhain herauf anlegen und den Thurm mit einem Aufbau wie einer Holztreppe versehen lassen.

Im Jahre 1861 ward eine „Fuchsthurmgesellschaft" in Jena begründet, die bei der Beliebtheit des herrlichen, aussichtsreichen Berges rasch und stark an Mitgliedern zunahm. Treffliche Wege, Baumanlagen wurden an den bisher fast schattenlosen Bergwänden angelegt, droben eine gemüthliche Wirthschaft eingerichtet und dem steinernen Jubilar fortan auch stete Pflege und Schonung zugewandt. Schon früher hatte Major von Knebel einen Verein „Die Knappschaft" gebildet, um den Hausberg zugängig zu machen. Eine Gedenktafel, 1858 angelegt, erinnert in den Anlagen zur Seite des Weges an den verdienstvollen Mann und geschätzten Genossen des einstigen weimarischen Kreises. Sein schlichtes Heim befand sich dicht am „Paradies" von Jena. Hier blieb er vierzig Jahre lang bis zu seinem 1834 erfolgten Tode. Fern dem geräuschvollen Leben der Hauptstadt, empfing er hier in einem einfachen Dachstübchen die größten Geister seiner Zeit.

1886 fand unter einmüthiger und begeisterter Theilnahme aller Ortschaften zwischen Dornburg und Orlamünde das 25jährige Jubelfest der „Fuchsthurm= gesellschaft" statt. Lichtenhainer und Ziegenhainer „Pferdebier" soll an diesem dreitägigen Feste in geradezu unheilvollen Strömen geflossen sein. —

Von Jena aus wendet man sich zum Fuchsthurm über die Kamsdorfer Brücke, welche ebenso lang als der Michaeliskirchthurm hoch sein soll. Sonnig und steil führt anfangs der Pfad empor, bis er endlich in freundliche Waldungen hineintaucht, deren Pflanzen= reichthum das Auge oft erfreut. Dann aber winkt das Endziel: der Fuchsthurm steigt vor uns auf, von dem einst ein wandernder Schneidergeselle in der Fremde stolzen Herzens berichtete, nachdem er die Thürme von Köln und Straßburg erschaut hatte: „Ei ja, scheene Derme sins freilich, diese Derme von Geln und Straß= burg, aber der Fuchsdorm bei Jäne is doch der scheenste un heechste Dorm meines Läbens."

Heiteres Treiben umringt uns hier oben, echt zuthunlich=thüringer Gemüthlichkeit. Vom Eisenrost herüber zieht Opferrauch; die Bierkrüge kreisen, Lieder steigen und mit innigem Behagen blickt dieser und jener Mann hinaus in die singende, sonnige Welt, über die Berge mit ihren Burgen, das heitere Thal mit seinem blitzenden Strome. Und er segnet still die thüringer Heimath! —

Vom Fuchsthurme steigt man auf zerbröckelnden

Fußwegen zwischen blühendem Gesträuch und flattern-
den Schmetterlingen in ein sonniges Seitenthal nieder,
in welchem sich das Dorf Ziegenhain aufbaut. Ziegenhain zählt mit zu den klassischen Bierdörfern in Jena's
Umgebung. Seine eigenartige frühere Industrie, jene
„Ziegenhainer", derbe Knotenstöcke aus dem Holz der
Cornelius= oder Judenkirsche anzufertigen, scheint jedoch
eingegangen zu sein. Eines Besuches werth ist die alte
Dorfkirche. Wer Freund von Erzeugnissen des Kunsthandwerks ist, findet hier noch manches interessante
Stück. Auf dem Heimwege zur Saale und der Musenstadt aber kann er längst des Baches manch blaues
Vergißmeinnicht zur Erinnerung an den Fuchsthurm
und den „Bierstaat" Ziegenhain pflücken. — —

Einer der poetischsten und an wechselnden Schön-
heiten reichsten Ausflüge von Jena aus bleibt entschieden
nach Tautenburg und dem Tautenburger Forst. Wer
von der Thüringer Bahn bei Groß=Heringen seine
Wanderung durch's Saalthal ansetzt, schwenkt gleich
nach dem Besuche der Dornburg seitlich hinein nach
Tautenburg, um dann später über den Gleißberg nach
Kunitz hinabzusteigen und nun am rechten Saalufer
nach Jena sich zu wenden. Doch auch wer flußab zieht,
dem möchte ich fast rathen, zu Fuß oder mit der Eisenbahn bis Dornburg sich zu wenden und hier die
Wanderung zu beginnen, um dann noch einmal in
Jena vor Anker zu gehen. Ich hatte das Gefühl, als
bedeute der Ausflug von Dornburg bis Kunitz eine
gewisse Steigerung landschaftlicher Genüsse.

Mit vollem Rechte wird der Tautenburger Forst als

einer der schönsten Wälder Thüringens gepriesen. Selbst
der eigentliche Thüringer Wald hat nichts Erhabeneres
an Waldung aufzuweisen. Die rationelle Forstkultur,
welche unsere Wälder so reinlich und geordnet erscheinen
läßt, sie möglichst vom Unterholz befreit und hübsch
gerade und übersichtlich Baum hinter Baum stellt, tritt
hier noch nicht so nüchtern in die Erscheinung. Kraft-
volle Ursprünglichkeit, verträumte und verworrene Waldwildniß, unendliche Einsamkeit, in welcher das geheimnißvolle Waldesweben mächtig an die Seele rührt: so
zeigt sich uns der herrliche Tautenburger Forst.
Stundenweit dehnt sich dieser Wald über malerisch
geformte Hügel, füllt heimlich-stille Thäler aus und
bietet im Durchwandern einen Reichthum an trauten,
wohlthuenden Bildern.

Von Naschhausen, gegenüber Dorndorf-Dornburg,
schlagen wir uns durch Felder, an einem von Rosen-
hecken und anderem Strauchwerk umblühten Hohlweg
hinan, bis wir in den dämmernden Hochwald eintreten.
Lärmende Vogelstimmen hallen uns jauchzend entgegen.
Zurückgewandt grüßen uns noch einmal die sonn-
angestrahlten Felsschroffen, an deren Rande Dornburg's
drei Schlösser horsten. Und dann geht's zwischen den
Buchenstämmen und dem Dickicht frisch duftenden Laub-
gesträuches hin. Seitlich zeigt sich einmal das hoch-
gelegene Dorf und Schloß Frauenprießnitz, einst auch
ein Sitz der Schenken von Tautenburg, denen all dieses
Gelände ehemals zu eigen war. Aber schon umwogt uns
wieder der summende, grüne Frühlingswald.

Dann aber bricht vor uns wachsende Helle durch.

Eine Schlucht gilt's noch zu durchmessen, an deren Ausgang in einem völlig von köstlichen Waldbergen eingeschlossenen Kessel sich das kleine Dorf Tautenburg vor uns aufbaut. Unendlich liebenswürdig und anheimelnd! Saubere Hütten zwischen Wiesen und Wald ausgestreut, ein zierliches, neues gothisches Kirchlein nachbarlich dem hohen viereckigen Wartthurm, welcher noch als letzter Ueberrest des Stammsitzes der Schenken von Tautenburg sich erhalten hat.

Der erste Erbauer war der „getreue" Schenk Rudolf von Vargula, der mit seinem Landgrafen Ludwig dem Heiligen den Kreuzzug zum Gelobten Lande angetreten hatte und nach seiner Rückkehr im Jahre 1232 zur Erbauung des Schlosses schritt. Seine Nachkommen nannten sich später Schenken von Tautenburg. Sie vergrößerten klug, tapfer und haushälterisch ihren Besitz mehr und mehr und wurden bis in's 15. Jahrhundert gar oft genannt. Ende des 15. Jahrhunderts hatte sich das Geschlecht in drei Linien gespalten: Tautenburg, Frauenprießnitz und Niedertrebra. Da ist denn auch 1482 die Tautenburg noch einmal erneuert worden. Mit Christian von Tautenburg starb 1640 der thüringische Zweig aus, während heute in Ostpreußen eine Linie der alten Schenken von Tautenburg noch fröhlich weiter grünt. Ende vorigen Jahrhunderts war die Burg zusammengefallen. Der größte Theil der Steine wurde 1780 hinüber nach Frauenprießnitz geführt und diente daselbst zur Erneuerung des dortigen Schlosses. —

Das liebliche Tautenburg hat sich in den letzten

Jahren in die Reihe thüringer „Sommerfrischen" eingereiht. Meines Erachtens viel zu schüchtern und bescheiden. Weit mehr denn so viele andere Orte ist es durch seine Lage, seine erquickende Ruhe dazu vorgesehen. Denn hier hört man die Zeit deutlich summen — für arme Nerven das beste Allheilmittel! Der wundervolle Laubwald steigt bis zu den Hütten fast hinab und rauscht dem, der hier zur Ruhe sich niederließ, Gesundheit und Frieden zu.

Wir hatten am Waldesrande eine Weile gerastet, den Blick hinab auf die stillen Hütten gerichtet, über denen hier und da eine leichte Rauchwolke spielte. Hinter den Waldbergen lag die Welt. Um diese Stunde weitab für uns. Und wieder ging es hinein in das Blättergewirr und zwischen moosbefranzten Baumstämmen hin. Allüberall dasselbe Leuchten, Duften, Singen, Blühen und Raunen! Nach einer Stunde ist das Dörfchen Naura nachbarlich Golmsdorf erreicht. Freundlich singender Abendgruß tönt uns entgegen. Kinder spielen zwischen Vergißmeinnicht an einem sprudelnden Bächlein; eine Gänseheerde umschnattert uns, dazwischen klingt der quietschende Leierton eines Brunnenschwengels.

Aber schon geht's den steilen Hang des Gleißberges empor. Am Waldessaume werfen wir uns in ein wogendes Blüthenfeld. Drüben in der Tiefe brauen bereits die ersten, leichten Nebel über der Saale auf; geheimnißvoll in Abendgluth getaucht ragen die Uferwände auf; ganz in der Ferne, halb schon vom Dämmerlicht der Nebel umsponnen, zeigen sich noch einmal die Schlösser von Dornburg. Käfer schwirren und schießen durcheinander; Schmetterlinge taumeln von Kelch zu Kelch — allüberall ein selig Drängen und Leben, die kurze Spanne Frühlingslust noch auszukosten. Welch' wundersame Abendstunde! Glocken klingen aus dem Thale herein und im Herzen singt's:

> Sonnenschein auf Berg und Thal,
> Rosenblühen überall,
> Selig Leuchten ohne Ende,
> Schönheitstrunkne Sonnenwende!

Ueber den wildbewachsenen Bergrücken des Gleißberges ziehen wir durch heilige Einsamkeit. Ein paar Mal hören wir aufgescheuchtes Wild durch das Dickicht brechen; Vögel flattern vor uns her, als meldeten sie die Mär von Zweien, denen es das Wandern angethan hat. Welch' einen Reichthum seltener und schöner Pflanzen birgt der Wald dieses weitgeschwungenen Bergzuges! Wir pflücken Orchideen und Lilien von prangender Schönheit und schmücken uns den Hut. Wir stehen still und blicken hinein in dieses Wogen und Wehen rings um uns und dann schreiten wir schweigend weiter. Wohl eine Stunde lang, oftmals pfadlos, bald hier-, bald dorthin uns wendend, wie Kinder, welche da auszogen, Blumen und Beeren einzusammeln!

Und nun geht's an Mauerresten, überwachsen, umsponnen hin. Schluchten thun sich auf; Geröll und Schutt lugt aus dem Gebüsch, dann reißt der Wald vor uns auseinander. Die malerischen Trümmer der Kunitzburg starren vor uns auf frei vorspringender, wild zerklüfteter Felskuppe auf, um welche der güldene Abendschein loht. Rosenduft und Rosenpracht, wohin das Auge fällt! Tief unten aber grüßt das heitere Saalthal. Die volle Romantik dieses echt deutschen Thales umwittert uns. Drüben auf kahler Höhe dehnt sich das blutgetränkte Schlachtfeld, auf dem am 14. Oktober 1806 Preußens tragisches Geschick durch den korsischen Weltbezwinger so hart besiegelt wurde.

Heute liegt der scheidende Purpurglanz eines zur Rüste gehenden Sommertages über dem fahlen Blachfelde, wie versöhnend uns sagend, daß Deutschland seine Ehre und seine Größe wiederfand, daß aus dem geknechteten Volke heraus die Kraft sieghaft, Alles überwältigend, fortreißend emporwuchs, welche den Preußenthron wieder festigte und den Glauben von Deutschlands Einheit und Größe fortan nicht mehr einschlummern ließ, bis der Traum erfüllet war. Und noch mächtiger spricht die Schönheit dieser verklärten Abschiedsstunde zu uns:

> Immensummen in Haide und Klee,
> Wie wird's dem Herzen so wohl, so weh!
> O, daß ich nun wieder wandern kann
> Hin durch den grünen, rauschenden Tann!
> Blühen und Singen weit und breit,
> Leuchtende Sommerherrlichkeit,
> Fluß und Thäler tief mir zu Füßen:
> Send' ich zur Ferne ein stilles Grüßen! —

Bis auf Reste eines Wohngebäudes mit zwei tiefen, rundbogigen Fenstern nebst seitlichen Sitzbänken (muthmaßlich dem 15. Jahrhundert angehörend) haben sich

von der Kunitzburg nur noch wirre Trümmerreste erhalten, welche es nicht mehr zulassen, ein ungefähres
Bild von der einstigen Burganlage zu gewinnen.

Die Kunitzburg ist gleichbedeutend mit der einstigen
Burg Gleißberg. Letztere bildete den Mittelpunkt der
Besitzungen der bereits im 10. Jahrhundert urkundlich
aufgeführten Herren von Gleißberg. Wahrscheinlich
verdankt diese Steinveste ihre Entstehung einem deutschen
Könige und war, wie die meisten Saalburgen, zur
Abwehr der stürmisch vorwärts drängenden Sorben
bestimmt. Nach einer alten Ueberlieferung soll Graf
Eckbert, der Stammvater der Vögte des Vogtlandes,
auch derjenige der Herren von Gleißberg gewesen sein.

Als ein sehr ritterlicher Herr hebt sich aus der
Reihe der Herren von Gleißberg vor Allem Hermann
von Gleißberg hervor, welcher als Heerführer unter
Kaiser Heinrich IV. durch Muth und Entschlossenheit
hohen Ruhm genoß. Unter Heinrich V. ward der
Gleißberg erobert. Kaiser Rudolf von Habsburg setzte
ihn auf einem Reichstag zu Erfurt auf die lange Liste
der zu zerstörenden Burgen. Seine getreuen Erfurter
haben sich das auch nicht zwei Mal sagen lassen und
legten im Jahre 1290 die stattliche Veste in Trümmern.
Nachdem die Landgrafen von Thüringen Besitz von
diesem Landstrich genommen hatten, wurde um die
Mitte des 14. Jahrhunderts Burg Gleißberg noch einmal aufgebaut. Ein Jahrhundert sollte sie fortan noch
mit ihren Zinnen und Thürmen hinab zum Saalthale
grüßen. Im Jahre 1453 ward sie zum zweiten Male
zerstört. Seitdem liegt sie in Schutt und Trümmern,

bei dem zerbröckelnden Felsuntergrund immer mehr
verschwindend, wie ihr eigentlicher und rechter Name
auch längst in Vergessenheit gerieth. — —

Ueber Klippen springend, durch Hohlwege uns
ziehend, immer mit dem Blick auf das prächtige Flußthal und seine Berge, ging's nun hinab, bis wir im
Dorfe Kunitz Einzug hielten, um uns in einer hoch-
gelegenen Wirthschaft zu erfrischen. Wie Alles um Jena
herum, so ist auch Kunitz stark studentisch angehaucht.
Es genießt die Ehre, eine hübsch ausgestattete Exkneipe
der jenenser Musensöhne aufzuweisen, in welcher nicht
nur ein guter Tropfen fließt, sondern wo man sich auch
an den zwei charakteristischen Gerichten, Saalfische und
den schwer verdaulichen Kunitzer Eierkuchen, deren
Herstellung ehedem als ein „Geheimniß" betrachtet
wurde, erquicken kann. Ein höherer Trieb scheint aber
auch die Hühner von Kunitz zu beseelen. Vor dem
Hause stand an der Straße ein breitwipfeliger Baum,
in dessen Geäst ein starkes Hühnervolk sein Stand-
quartier aufgeschlagen hatte. Als Hahn und Hennen
endlich da oben zur Ruhe gegangen waren, schwangen
wir uns auf ein klapperndes Wägelein und fuhren in
den dämmernden Abend hinein, thalauf nach der
Musenstadt Jena, von welcher es sich so schwer
scheiden läßt.

Die Saale rauschte uns zur Seite, durch die
Bäume am Wege ging ein heimlich Flüstern, auf den
Wiesen zirpten die Grillen, und letzte Lerchentöne
schienen vom Himmel auf uns niederzuschweben. Näher
und näher rückte das Städtlein.

Aus dem leis dunkelnden Parkgrün des schönen Sitzes Thalheim leuchtete fast gespenstisch die helle Gruppe des „Erlkönig". Gleich darauf fuhren wir in Wenigenjena ein. Bis hierher leistete uns der Bürgermeister des Dorfes Wogau Gesellschaft und war voller Schnurren und Schnaken der lustigen Musensöhne. Denn auch Wogau hat seine Erkneipe, und in manch toll‑übermüthiger Sitzung hat der „Herr Geheimrath", der neben uns mit seinem pfiffig‑bäuerischen Gesichte hockte, eine gar treffliche Rolle gespielt.

Wenn er dann und wann 'mal in seinen drolligen Schilderungen abbrach, da saß er mit zusammengekniffenen Lippen und vergnügt blinzelnden Aeuglein auf der Holzbank und schien im Geiste noch einmal die ganze Stufenleiter seiner Triumphe zu durchkosten.

„Ja, ja!" meinte er zuletzt, „'s Teufelszeug machen sie mit einem, aber .. hähähä! . . . man bleibt jung dabei. Das ist die Hauptsache. Na, nun muß ich 'runter!"

„Brrrr!"

Das Oberhaupt von Wogau kletterte aus dem Wäglein und reckte uns dann seine knochige Rechte entgegen.

„Na, glückliche Reise, meine Herren! Und wenn Sie 'mal der Weg über Wogau führt — na, 's soll mich freuen."

„Wir werden's nicht vergessen! Gewiß nicht! Vielleicht schon nächstes Jahr!"

„Halten Sie Wort! Guten Abend!"

„Guten Abend, Herr Geheimrath!"

Er drohte schalkhaft mit dem Finger, faßte seinen Ziegenhainer fester und schlug seitlich die Straße ein, bald unseren Blicken entschwindend. Durch das unfreundliche Häusergemisch von Wenigenjena — Miethskasernen, Wirthschaften, Hütten, Fabriken, Alles wie umwittert von Petroleum und Klassenhaß — näherten wir uns der Saale. Ueber die Kamsdorfer Brücke rollte unser ländliches Fuhrwerk rasselnd auf das holprige Straßenpflaster, in das „liebe närrische Nest" hinein, um bald darauf vor der Thür des „Schwarzen Bären" zu halten.

X.

Zwischen Dornburg und Rudelsburg.

Im zweiundeinhalbstündigen Wandern thalab die Saale erreicht man von Jena aus Naschhausen-Dorndorf, von wo Steinstufen empor in das Zauberreich von Dornburg*) führen (261 m hoch). Schönheit und Erinnerungen klingen in Dornburg zusammen! Und wer diese kennt, der wird bewegt und fühlt, daß es klassischer Boden ist, dem er sich sinnend nähert. Denn um Dornburg schwebt ein unvergänglicher, den Deutschen heiliger Name: Goethe!

Zur Zeit der Rosen entfaltet diese Stätte ihre wunderreichste Schönheit. Auf und ab diese Terrassen zu wandeln, unter blühenden Gehängen und Laubgängen hin, den Blick jetzt hinein in quellende Blüthen- und Baummassen gewendet und dann wieder hinaus in die lachende Berg- und Thallandschaft, das ist ein unbeschreiblicher Genuß. Tief unten rauscht das blitzende Wehr herauf, lauer Wind umfächelt uns; Erde und

---

*) Näheres über Dornburg und thalab bis Naumburg a. S. siehe: „Thüringer Wanderbuch", Band I, sowie „Durch's Unstrutthal". J. C. C. Bruns' Verlag, Minden i. W.

Luft sind erfüllt mit Vogelstimmen, Duft und Schimmer. Noch heute eilt der Hof von Weimar zur Rosenzeit so gern hierher, sich der blühenden Wunder dieses stillen Erdenwinkels zu freuen. Großherzog Karl Alexander, der milde, greise Burgherr der Wartburg, hat stets mit Vorliebe auf seiner lieben Dornburg sein Geburtsfest am Johannistage begangen.

Und was verdankt Goethe nicht dieser geweihten Stätte? Was war sie nicht Alles dem großen Dichter? Es war und blieb bis zuletzt ein wechselseitiges Geben und Empfangen! In Lied und Prosa hat er die Dornburg gefeiert, und immer gab bewunderndes Empfinden den Grundton an. Noch als Greis schildert er in einem umfangreichen Briefe 1828 an den Obersten und Kammerherrn von Beulwitz mit behaglicher Breite die süßen Reize Dornburg's, dieses „wahrhaften Lustortes", wie folgt:

„Da sah ich vor mir auf schroffer Felskante eine Reihe einzelner Schlösser hingestellt, in den verschiedensten Zeiten erbaut, zu den verschiedensten Zwecken errichtet. Hier, am nördlichen Ende, ein hohes, altes, unregelmäßig-weitläufiges Schloß, große Säle zu kaiserlichen Pfalztagen umschließend, nicht weniger genugsame Räume zu ritterlicher Wohnung; es ruht auf starken Mauern zu Schutz und Trutz. Dann folgen später hingestellte Gebäude, haushälterischer Benutzung des umherliegenden Feldbesitzes gewidmet.

Die Augen an sich ziehend aber steht weiter südlich auf dem solidesten Unterbau ein heiteres Lustschloß neuerer Zeit zu anständigster Hofhaltung und Genuß in günstiger Jahreszeit. Zurückkehrend hierauf an das südlichste Ende des steilen Abhanges finde ich zuletzt das alte, wenn auch mit dem Ganzen vereinigte Freigut wieder, welches mich so gastfreundlich einlud.

Auf diesem Wege nun hatte ich zu bewundern, wie die bedeutenden Zwischenräume, einer steil abgestuften Lage gemäß, durch Terrassengänge zu einer Art von auf und ab steigendem Labyrinthe architektonisch auf das Schicklichste verschränkt worden, indessen ich zugleich die sämmtlichen, übereinander zurückweichenden Lokalitäten auf das Vollkommenste grünen und blühen sah. Weithin gestreckte, der belebenden Sonne zugewendete, hinabwärts gepflanzte, tiefgrünende Weinhügel; aufwärts an Mauergeländen üppige Reben, reich an reifenden, Genuß zusagenden Traubenbüscheln; hoch an Spalieren sodann eine sorgsam gepflegte, sonst ausländische Pflanzenart, das Auge nächstens mit hochfarbigen, an leichtem Gezweige herabspielenden Glocken zu ergötzen versprechend. Ferner vollkommen geschlossene Laubgänge, einige in dem lebhaftesten Flor durchaus blühender Rosen höchlich reizend geschmückt; Blumenbeete zwischen Gesträuch aller Art.

Von diesen würdigen, landesherrlichen Höhen sah ich ferner in einem anmuthigen Thale so Vieles, was, dem Bedürfniß des Menschen entsprechend, weit und breit in allen Landen sich wiederholt. Ich sehe zu Dörfern versammelte ländliche Wohnsitze, durch Gartenbeete und Baumgruppen gesondert; einen Fluß, der sich vielfach durch Wiesen zieht, wo eben eine reichliche Heuernte die Emsigen beschäftigt; Wehr, Mühlen,

Brücken folgen aufeinander, die Wege verbinden sich auf und ab steigend. Gegenüber erstrecken sich Felder an wohlbebauten Hügeln bis an die steilen Waldungen hinan, bunt anzuschauen, nach Verschiedenheit der Aussaat und des Reifegrades. Büsche hier und da zerstreut, dort zu schattigen Räumen zusammengezogen. Reihenweis, auch den heitersten Anblick gewährend, sah ich große Anlagen von Fruchtbäumen; sodann aber, damit der Einbildungskraft ja nichts Wünschenswerthes abgehe, mehr oder minder aufsteigend, alljährlich neu angelegte Weinberge.

Das Alles zeigte sich mir, wie vor fünfzig Jahren, und zwar im gesteigerten Wohlsein, wenn schon diese Gegend von dem größten Unheil mannigfach und wiederholt heimgesucht worden. Keine Spur von Verderben ist zu sehen, schritt auch die Weltgeschichte, hart auftretend, gewaltsam über die Thäler. Dagegen deutet Alles auf eine emsig folgerechte, klüglich vermehrte Kultur eines sanft und gelassen regierten, sich durchaus mäßig verhaltenden Volkes.

Ein so geregeltes, sinniges Regiment waltet von Fürsten zu Fürsten. Feststehend sind die Einrichtungen, zeitgemäß die Verbesserungen. So war es vor, so wird es nach uns sein, damit das hohe Wort eines Weisen erfüllet werde, welcher sagt: die vernünftige Welt ist als ein großes, unsterbliches Individuum zu betrachten, welches unaufhaltsam das Nothwendige bewirkt und dadurch sich sogar über das Zufällige zum Herrn erhebt." —

Rückwärts der drei Schlösser, auf der Hochfläche

zwischen Saale und Ilm, liegt das bescheidene Städtchen Dornburg. Daß es einst, ehe der Dreißigjährige Krieg seine Blüthe knickte, ganz andere Ausdehnung besaß, beweisen Ueberreste von Stadtmauern, sowie eine Reihe Flurnamen ringsum, von denen einer z. B. „alte Apotheke" lautet. Es ist von sehr alter Gründung und wird bereits 1029 als Stadt erwähnt. Im Jahre 1717 legte eine verheerende Feuersbrunst fast ganz Dornburg in Asche und Trümmern. Durch die Gunst und Vorliebe der weimarischen Fürsten hat sich die Stadt dann wieder gehoben, zählt aber heute immer nur ungefähr 600 Einwohner. Manch schöne Erinnerung darf Dornburg (die Doringeburg = Thüringburg, nicht Burg des Thor) pflegen. Als sich die Stadt im Bruderkriege so treu und tapfer bewährt hatte, ward ihr seitens des Landesherrn eine Gnade zugestanden. Bescheiden baten die Bewohner, der Fürst wolle sie auch künftighin als treue Unterthanen halten. Da lächelte der Fürst und befahl, daß sie fortan nur noch die „getreuen Dornburger" genannt werden sollten.

Zwischen Gutshof und Kirche betritt man durch ein Gitterthor den lauschigen Park, um bald Angesichts der drei Schlösser zu stehen. Der linke, nördlichste Schloßbau ist zugleich der älteste wie umfangreichste Bau und dient heute als Sitz einer großherzoglichen Forstinspektion. Er stellt eine kompakte Masse ineinander geschachtelter Bautheile von ehrwürdigem, düster wirkendem Charakter dar. Einige Mauertheile mögen vielleicht noch aus allererster Bauzeit stammen. Jedenfalls wird auch die Dornburg zur Abwehr slawischer

Eindringlinge in thüringer Land gedient haben. Die Meinungen der Gelehrten gehen darüber auseinander, ob Dornburg als kaiserliche Pfalz gedient hat. Lipsius verlegt dieselbe in die Nähe von Barby an der Elbe. Doch alle Ueberlieferungen halten einmüthig daran fest, daß sie eine echte deutsche Kaiserpfalz war, in welcher die Kaiser Otto I. (965), Otto II. (980) und Heinrich II. (1004) glänzenden Reichstag abhielten. Im Jahre 1249 kamen Stadt und Burg Dornburg in den Besitz der Schenken von Tautenburg, später an die Schwarzburger und Orlamünder, 1486 an die Kurfürsten von Sachsen. 1672 fiel das gesammte Amt Dornburg an das Haus Sachsen-Weimar.

Der ehrwürdige Bau ist ein Gemengsel von allerlei Baustilen, deren Bestimmung zum Theil durch An- und Umbauten sehr erschwert wird. Jedenfalls birgt der Nordflügel mit dem mächtig aufstrebenden Schornsteine wohl die allerältesten Bautheile. In einem unteren Gemache soll man hier im vorigen Jahrhundert noch eine Holzsäule mit der Jahreszahl 1022 entdeckt haben, welche aber wieder verschwunden ist. Im Uebrigen haben alle Jahrhunderte an dem Schloßbau mehr oder minder herumgeflickt und jede einheitliche Uebersicht verwirrt und aufgehoben.

Das mittlere Schloß, auch das neue Schloß geheißen, wurde an Stelle von 22 niedergerissenen Privatgebäuden — Stadt Dornburg zog sich also einst bis zur Felsenkante vor! — in den Jahren 1724—1748 vom Italiener Struzzi im Rokokostil aufgeführt und hat sich auch in seiner Inneneinrichtung noch ziemlich gut den

eigenartigen Geschmack jener Tage bewahrt. Karl
August hat hier bis zu seinem Tode mit Goethe stets
gewohnt. Erst von da ab bezog der Dichterfürst das
rechts nachbarlich gelegene „kleine Schlößchen". Nur
vornehmen Besuch empfing er noch im Marmorsaal
des neuen Schlößchens. Auch der bisherige Landesfürst
hielt noch immer im mittleren Schlößchen Einkehr. Die
wenigen Gemächer, welche ihm zur Verfügung standen,
zeugen von dem anspruchslosen Sinne des so kunst=
frohen, edlen Fürsten. Seine Augen durften einst noch
auf Goethe ruhen, und wie ein heiliges Vermächtniß
hatte er es übernommen, die Erinnerungen jener großen
Tage Weimar's treulich zu pflegen und seinen Hof als
eine edle Pflegstätte deutscher Kunst und Wissenschaft
zu erhalten.

Doch auch die freundliche Greisengestalt, welche
uns von Raum zu Raum der Schlösser Dornburg's
führt, ist noch ein lebender Zeuge aus jener klassischen
Zeit. Der heute 82jährige Hofgärtner Springer hat
Goethe gar oftmals gesehen und entsinnt sich noch
deutlich der verschiedenen Begegnungen. Es hatte für
mich etwas Rührendes, neben dem alten Herrn einher=
zuschreiten, der, immer wärmer werdend, aus dem Born
seiner Erinnerungen so mancherlei zu schöpfen wußte.
Vielen unbekannt, zeigte er mir auch in einem Neben=
raum ein schwarzes Silhouettenbild, das Goethe einstens
selbst geschnitten hatte.

Goethe! Er ist der Zauber, welcher Dornburg so
wundersam umschwebt. Am innigsten spricht von ihm
das letzte der drei Schlösser, das „kleine Schlößchen",

welches bis zum Jahre 1824 als „Stohmannsches
Schlößchen" sich noch im Privatbesitz befand. Dieses
Bauwerk entstammt noch der Zeit, als deutsche
Renaissance in vollster Blüthe stand und wird — nach
Professor Lehfeldt — in den Jahren 1530—1540 entstanden sein. Dafür spricht vor Allem das reich-
gegliederte Portal mit den Eckkonsolen und dem sonstigen
figürlichen Schmucke. Die unter dem Wappen befindliche Jahreszahl darf nicht irre führen. Das lateinische
Distichon, welches über dem Portal einladend prangt,
lautet:

„Gaudeat ingrediens, laetetur et aede recedens!
His qui praetereunt, det bana cuncta Deus!"

Goethe übersetzte es herrlich mit:

„Freudig trete hier ein und froh entferne dich wieder!
Ziehst du als Wand'rer vorbei, segne die Pfade dir Gott!"

Dieser schöne Spruch ist auch am Kickelhahn bei
Ilmenau über dem Eingang zum Gabelbachhäuschen
angebracht, dem „Rathhause" der „weltberühmten"
Gabelbachgemeinde, jener schlichten, waldumschlossenen
Kreiserwohnung, deren Planzeichnung der jetzt heim-
gegangene Großherzog selbst entwarf.

Wie tief Goethe's durch Karl August's Ableben
schmerzlich bewegtes Herz von diesem Weihespruch
berührt wurde, bekundet er an einer anderen Stelle
jenes bereits oben angeführten Briefes an den Kammerherrn von Beulwitz. „Die Einfassung gedachter Thür
selbst", so schreibt er, „ist nach Weise jener Zeit selbst
architektonisch-plastisch überreich verziert und giebt zu-

sammen mit der Inschrift die Ueberzeugung, daß vor länger als zweihundert Jahren gebildete Menschen hier gewirkt, daß ein allgemeines Wohlwollen hier zu Hause gewesen, wogegen auch diese Wohnung durch so viele Kriegs- und Schreckenszeiten hindurch aufrecht bestehend erhalten worden.

Bei meiner gegenwärtigen Gemüthsstimmung rief ein solcher Anblick die Erinnerung in mir hervor: gerade ein so einladend segnendes Motto sei durch eine Reihe von mehr als fünfzig Jahren der Wahlspruch meines verewigten Herrn gewesen, welcher, auf ein groß bedeutendes Dasein gegründet, nach seiner erhabenen Sinnesart jederzeit mehr für die Kommenden, Scheidenden und Vorüberwandelnden besorgt war, als für sich selbst; der, wie der Anordner jener Inschrift, weniger seiner Wohnung, seines Daches gedachte, als Derjenigen, welche da zu beherbergen, mit Gunst zu verabschieden oder vorübergehend zu begrüßen wären. Hier schien es also, daß ich abermals bei ihm einkehre, als dem wohlwollenden Eigenthümer dieses uralten Hauses, als dem Nachfolger und Repräsentanten aller vorigen gastfreien und also auch selbst behaglichen Besitzer." —

An die Prachtliebe der Renaissance- wie der späteren Barockzeit erinnern im Innern des Schlößchens noch manche Einzelheiten, wie die herrlichen Thürfüllungen, Decken, Wappen und sonsterlei. Doch alles Empfinden findet in diesem Schlößchen seinen Brennpunkt in den Räumen, welche Goethe einst bewohnte und die sich in ihrer fast nüchternen Schlichtheit und

Einrichtung vollständig noch so erhalten haben. Nur einige Worte, von seiner Hand in eine Fensternische geschrieben und dann überglast als Heiligthum aufbewahrt, müssen gestohlen sein. Muthmaßlich wird es wieder ein stolzer Sohn Albion's gewesen sein, wie vor Jahren ein Engländer dabei überrascht wurde, als er dabei war, Goethe's „Nachtlied" aus der Holzwand des Goethehäuschens auf dem Kickelhahn herauszuschneiden. —

In der Sturm- und Drangperiode des Dichters und seiner weimarischen Umgebung ist zwar Goethe auch schon des Oefteren hier oben gewesen. Wahrhaft lieb ist aber die Dornburg doch erst dem gereifteren Manne geworden. Hierher zog es ihn stets, wenn es galt, fern dem lauteren Hoftreiben „die Schläge des Schicksals und Herzenswunden auszuheilen".

In einer Fülle von Briefen schildert er immer wieder die Schönheit und Pracht der Lage, die wohlthuende Einsamkeit. Schon als Jüngling drückt die Bewunderung ihm die Feder in die Hand. So flattert am 4. Juni (Pfingstmontag) 1779 ein Brieflein an die geliebte Frau von Stein: „Nur wenige Worte. Ich freute mich der schönen Zeit in der schönen Gegend noch mehr, wenn Du bei mir wärst. Wie Vieles möcht' ich Dir zeigen, es ist doch hier ein ganz anderes Wesen der Natur."

Welch eine Anspruchslosigkeit athmen diese Räume, in denen Deutschlands größter Dichter so oft weilte! Aus diesen niedrigen Fenstern mit den weißangestrichenen Holzkreuzen schaute sein großes Auge hinaus in

farbenschimmernde Landschaft; der liebe Fluß rauschte
ihm zur Nachtzeit Melodien in die Seele, während
drüben über die Berge der Mond seine stille, hohe
Bahn zog.

1827 hatte der Tod Frau von Stein abgerufen,
ein Verlust, welcher Goethe nicht mehr tief berührte,
da vielerlei Trübungen das einstige innige Verhältniß
längst gelöst hatten.

Da starb am 14. Juni 1828 Karl August, sein
Großherzog und Jugendfreund. Man saß gerade bei
Tisch, als dem Dichter die traurige Nachricht über-
bracht wurde. Mit Spannung und Furcht hingen Aller
Augen an seinem Antlitz. Doch nichts verrieth darin
die tiefe Erregung seiner Seele. Nach einer kleinen
Pause sagte er endlich: „Ach, das ist traurig! Sprechen
wir von etwas Anderem." Als aber Eckermann ihn
am Abend aufsuchte, fand er den greisen Dichter ganz
zerschlagen. „Ich hatte geglaubt," klagte er, „ich wollte
vor ihm hingehen; aber Gott fügte es, wie er es für
gut findet, und uns armen Sterblichen bleibt nichts,
als zu tragen und uns empor zu halten, so gut und
so lange es gehen will."

Drei Wochen später, am 1. Juli, pochte der ge-
beugte Dichter droben an der Dornburg an. Arbeit
und Naturgenuß sollten ihm die kranke Seele heilen.
An Zelter in Berlin schrieb er damals, des heimgegangenen fürstlichen Freundes gedenkend: „Die Aussicht ist herrlich und fröhlich. Unter meinem Fenster
ein wohlgediehener Weinberg, den der Verblichene auf
dem ödesten Abhange noch vor drei Jahren anlegen

ließ. Seit fünfzig Jahren hab' ich an dieser Stelle mich mehrmals mit ihm des Lebens gefreut und ich könnte diesmal an keinem Orte verweilen, wo seine Thätigkeit auffallender anmuthig vor die Seele träte."

Nur langsam wollte aber diesmal der Heilungsprozeß seines trauernden Herzens vor sich gehen. Einsam war es um ihn nach einem so reich bewegten Leben geworden. Doch die Muse blieb ihm treu. Wie einst in jungen Frühlingstagen seine sehnende Seele jenes wundervolle Lied „An den Mond" ausströmte, so sang jetzt der achtzigjährige Greis tiefbewegt „Dem aufgehenden Vollmonde" zu:

>„Willst du mich sogleich verlassen?
>Warst im Augenblick so nah!
>Dich umfinstern Wolkenmassen
>Und nun bist du gar nicht da.
>
>Doch, du fühlst, wie ich betrübt bin,
>Blickt dein Rand herauf als Stern!
>Zeugest mir, daß ich geliebt bin,
>Sei das Liebchen noch so fern.
>
>So hinan denn, hell und heller,
>Reiner Bahn, in voller Pracht!
>Schlägt mein Herz auch schmerzlich schneller,
>Ueberselig ist die Nacht!"

Das Lied trägt die Unterschrift: „Dornburg, den 25. August 1828." Goethe dachte dabei der längst vergangenen Tage, wo er und Marianne Willemer sich gelobt hatten, bei jedem Vollmonde einander zu gedenken. Bald konnte Marianne an dem ihr übersandten Liebe erkennen, daß der greise Dichter auch jetzt noch an seinem Worte festhielt.

Erst am 12. September verließ Goethe die Dornburg, auf welcher er volle zehn Wochen diesmal zugebracht hatte. Wie in einem Dankgebete an die gütige Natur, welche ihn an dieser anmuthigen Stätte den Frieden seiner Seele wieder finden ließ, sang er zum Abschiede das herrliche Lied:

„Früh, wenn Thal, Gebirg und Garten
Nebelschleiern sich enthüllen,
Und dem sehnlichsten Erwarten
Blumenkelche bunt sich füllen;

Wenn der Aether, Wolken tragend,
Mit dem klaren Tage streitet,
Und ein Ostwind, sie verjagend,
Blaue Sonnenbahn bereitet;

Dankst du dann, am Blick sich weidend,
Reiner Brust der Großen, Holden,
Wird die Sonne, röthlich scheidend,
Rings den Horizont vergolden."

Diesem Liede fügte er später dann noch folgende Strophen hinzu:

„Und wenn mich am Tag die Ferne
Blauer Berge sehnlich zieht,
Nachts das Uebermaß der Sterne
Prächtig mir zu Häupten glüht,

Alle Tag' und alle Nächte
Rühm' ich so des Menschen Loos;
Denkt er ewig sich in's Rechte,
Ist er ewig schön und groß!" — —

Das kommende Jahr sah den Dichter wieder auf der Dornburg, wenn diesmal auch nur auf kurze Zeit. Im Frühling 1830 starb die von ihm stets hochverehrte Großherzogin Luise, zu welcher er stets im edelsten Verhältniß gestanden hatte. „Nie hat der geringste Mißklang stattgefunden," äußerte er sich damals zu dem Kanzler Müller über die Entschlafene. Zur Sommerzeit dieses Jahres kehrte er wieder auf der Dornburg ein und genoß mit Andacht den Frieden und die Schönheit dieser Stätte.

Anfangs November desselben Jahres traf ihn der letzte und schwerste Schlag. Fern der Heimath war zu Rom sein einziger Sohn August am 28. Oktober verschieden. Der innere Kampf, seiner Stimmung Herr zu werden, kostete den Dichter beinahe das Leben. Ein heftiger Blutsturz trat ein, und man befürchtete das Schlimmste. Doch zu Aller Freude erholte sich Goethe noch einmal.

Zu der Dornburg ist aber Goethe nicht mehr hinaufgekommen. Das Schicksal konnte ihm keine Wunde mehr schlagen. Am 22. März 1832 schied er still und groß aus dem Leben. Die Sonne Weimar's, welche eine Welt erleuchtet hat, war untergegangen. Mit der Dornburg aber bleibt das Bild Goethe's für immer verknüpft. Was er dem sterbenden Faust in den Mund gelegt, prophetisch hat er es sich selbst gesungen:

„Es kann die Spur von meinen Erdentagen
Nicht in Aeonen untergeh'n!" — —

Von Dornburg wandert man in drei Stunden

thalabwärts nach Kamburg, der Hauptstadt der ehemaligen Grafschaft gleichen Namens, einer von Preußen und Weimar eingeschlossenen Enklave. Der Weg dorthin ist voll lieblicher Reize, zumal an der Wende von Frühling und Sommer. Ueber den gelbschimmernden Kalksteinbergen wölbt sich der Himmel in seliger Bläue. Freundliche Ortschaften, halb in Obsthainen versteckt, grüßen uns am Wege. Noch duften Rothdorn, Flieder und Goldregen in den Gärten. Die Wiesen leuchten in voller Blüthenpracht; draußen an Feld und Rain haben die Heckrosen ihre verträumten Augen aufgeschlagen und im Hollerbusch klingt das Lied der Amsel. Dazwischen rauscht die Saale uns zur Seite und in dem Alles verklärenden Sonnenglanze scheinen Goldfunken von Berg zu Berg zu springen, immer neue Siegesfanale entzündend, die Schönheit dieser Tage zu verkünden.

Wie in einem Obstgarten eingebettet liegt das kleine Kamburg, welches die Saale in eine thüringische und eine meißensche Seite eintheilt. Seine Hütten und Häuser heben sich reizvoll zwischen steilen Felswänden, Fluß und Gärten ab. Darüber steigt ein grauer Thurm empor, der letzte Rest der im thüringer Bruderkriege zerstörten Veste, auf welcher einstens die Grafen von Kamburg Hof hielten. Muthmaßlich verdankt auch die Kamburg ihr Entstehen der Absicht, den slawischen Eindringlingen feste Schutzwehren entgegenzusetzen.

Die ursprüngliche Anlage der unteren Burg — eine obere kleinere Burg befand sich ehedem auch noch auf dem Wachtberge (ehemals Glisburg geheißen) —

muß ganz bedeutend gewesen sein. Im Jahre 1162 wird die Kamburg als Castrum und Aufenthaltsort Markgraf Otto's angeführt. Auch einer Kapelle darin geschieht Erwähnung, in welcher sich ein der heiligen Lucia geweihter Altar befand.

Im Uebrigen sind uns nur spärliche Nachrichten über die Kamburg überkommen. Man weiß nur, daß sie im Jahre 1450 ihren Untergang fand und in Trümmern sank, während die obere Burg, von welcher nur noch ganz spärliche Ueberreste sich erhalten haben, bereits 1290 durch Kaiser Rudolf zerstört ward. Im Besitz der Wettiner ist die Herrschaft Kamburg seit 1030 ununterbrochen gewesen. 1485 kam sie an das albertinische Herzogthum, nach der Schlacht bei Mühlberg 1547 an die Ernestiner, um nun eine Weile wie ein Spielwerk zwischen Altenburg, Gotha und Gotha-Altenburg hin und her geworfen zu werden, bis sie endlich an Meiningen kam. —

Wendet man sich von Kamburg aus über die Dörfer Tümpling und Weichau, ersteres mit einem hoch vom Saalufer niedergrüßenden Herrensitze, so gelangt man zwischen Groß- und Klein-Heringen zu der Stelle, wo die Saalbahn in die Thüringer Bahn einläuft, die Ilm sich mit der Saale verbindet, letztere aber, bisher in der Hauptsache eine nördliche Richtung inne haltend, mit einem scharfen Rucke sich nach Osten wendet. Und nicht lange darauf steigen vor uns zur Rechten oberhalb des Dorfes Saaleck die runden Doppelthürme der Ruine gleichen Namens herauf. Ein Stück weiter, nur durch eine tief in den Kalkfelsen sich einschneidende

Schlucht von Burg Saaleck geschieden, horstet auf jäher, wasserumspülter Steinklippe die Rudelsburg.*)

Zu ihr gelangt man von Bad Kösen, dessen düsteres Gradierwerk einen so ernsten, stimmungsvollen Gegensatz zu dem tief unter ihm weißschäumenden, breiten Wehr der Saale bildet, wenn man den Weg zur „Katze" am Saalufer einschlägt, einem durch seine „Kunitzer Eierkuchen" altbekannten Wirthshause, malerisch unter Erlen und Pappeln gelegen. Hier setzt eine Fähre hinüber zum andern Ufer.

Noch einmal umfängt uns der Zauber einer echt deutschen Flußlandschaft. Noch einmal genießen wir den eigenartigen Reiz dieser Saalwanderung, ehe wir Abschied von ihr nehmen.

Unter Pflaumenbäumen geht's zuerst hin. Riedgras, Schilf, Weidengebüsch zur Rechten, links wechselreich zerklüftetes Kalksteingehänge, von Buchen überschattet, von Buschwaldungen da und dort bedeckt. Je höher wir klimmen, um so entzückender entfaltet sich das herrliche Bild, in dessen Vordergrunde beide Burgen sich scharf gegen den Himmel abzeichnen. Und dann stehen wir oben.

Eine kleine Denkmalskolonie ist im Laufe der Jahrzehnte vor der Rudelsburg entstanden. Zuerst begrüßt uns Jung-Bismarck als Korpsstudent, überlebensgroß,

---

*) Näheres über die Rudelsburg und die Strecke bis Naumburg, wo das romantische Saalthal seinen Abschluß findet, siehe: „Thüringer Wanderbuch" 1. Band, ferner „Durch's Unstrutthal". Beides im gleichen Verlage erschienen. D. V.

in seiner frischen, packenden Darstellung von hinreißender Wirkung. Die deutschen Korpsstudenten, welche alljährlich zur Pfingstzeit hier auf der Veste ihren fröhlich-lärmenden Konvent abhalten, haben es ihrem berühmtesten Kommilitonen, Deutschlands großem Sohne, 1896 errichtet.

Gleich darauf finden wir das 1890 enthüllte, schlichte Denkmal, welches Kaiser Wilhelm I. feiert. Ein treffliches Kriegerdenkmal, den in den Einigungskämpfen 1870/71 gefallenen deutschen Korpsstudenten gewidmet, bildet den Beschluß.

An Buden und sonstigem lästigen Beiwerk vorbei schreiten wir bald darauf über die Burgbrücke, durch das Doppelthor in den Burghof der Rudelsburg hinein. Seit dem Heimgange des ersten Burgwirths, des alten, einst in deutschen Landen wohlbekannten Samiel, und seit dem Wegzuge seines Schwiegersohnes, ist die eigentliche Poesie aus der Rudelsburg entflohen. Die jährlich immer mehr sich entwickelnde „Fremdenindustrie" schlug sie langsam todt.

Gänzlich aber wird man die Rudelsburg doch nicht des romantischen Schimmers entkleiden können. Seitdem in jener mondhellen Sommernacht des Jahres 1826 Franz Kugler im Kreise jugendlicher Wandergesellen, hingerissen von der Schönheit dieser Stätte, mit Kreide auf den Holztisch im Burghofe sein bekanntes Lied in plötzlicher Eingebung niederschrieb:

"An der Saale hellem Strande
Stehen Burgen stolz und kühn . . ."

seitdem ist die Rudelsburg ungezählten Deutschen lieb und unvergeßlich geworden. Sie zählt zu jenen Burgen Deutschlands, deren Bild und Erinnern wir treulich im Herzen tragen.

Von ihrem Thurme aus öffnet sich dem freudigen Auge ein farbenprächtiges Landschaftsbild, auf und nieder das Thal, zu den Höhen hinüber, über welche einst die Kriegsfurie unter dem Donner der Geschütze wuchtig einherschritt.

Heute aber weilt Frieden, duftige, goldverklärte Abendruhe über dem lieblichen Bilde. Wie in Träumen sendet die Saale aus jach niederstürzender Tiefe ihre heimlich murmelnden Wellengrüße.

Treulich sind wir ihrem Laufe von der Quelle an gefolgt, droben im Dämmerlichte des „heiligen" Fichtelgebirges; Bild an Bild reihte sich, und eine Fluth von Schönheit und bedeutsamen Erinnerungen zieht noch einmal im Geiste zu dieser Stunde an uns vorüber.

Dankbarkeit und Sehnsucht fließen ineinander. Höher schlägt im Stolz das Herz, heimisch im deutschen Vaterlande zu sein.

Lebe wohl, du sonniges, anmuthschimmerndes Saalthal!

*Porträt von August Trinius aus „Die Umgebungen der Kaiserstadt Berlin in Wort und Bild".
Verlag Anders & Bufleb, Berlin W., 1887*

August Trinius, der Wanderschriftsteller, wurde am 31. Juli 1851 in Schkeuditz geboren und starb am 2. April 1919 im Thüringischen Waltershausen. Sein eigentlicher Name war Carl Freiherr von Küster.

Nach seiner Schulzeit und einer Lehre zum Kaufmann arbeitete er als Buchhalter in Berlin. Hier verfasste Reiseberichte über Berlin und der Mark Brandenburg, welche unter anderem in der Berliner Zeitung veröffentlicht wurden.

Ab 1883 verdiente er als Schriftsteller vollends seinen Lebensunterhalt. Die ersten Buchveröffentlichungen waren seine vier Bände über die „Allgemeine Geschichte der Einigungskriege", deren Herausgabe 1883 mit „Geschichte des Krieges gegen Dänemark 1864" begann. Es folgten 1886 „Geschichte des Krieges gegen Östereich und der Mainfeldzug 1866 sowie 1887 „Geschichte des Krieges gegen Frankreich 1870–71".

Parallel dazu erschien 1884 der erste Band seiner „Märkischen Streifzüge", es folgte Band 2 im Jahr 1885 und Band 3 im Jahr 1887.

Schon 1886 begann er mit dem ersten Band eine acht Bände umfassende Reihe mit dem „Thüringer Wanderbuch", welche im Jahr 1902 vollendet war.

1890 lies er sich in Waltershausen nieder und wohnte dort bis zu seinem Lebensende.

Von hier aus bereiste er die Welt und vor allem Deutschland. Es folgten Bücher über deutsche Landschaften, wie die Vogesen, die Stadt Hamburg, die Umgebung von Rhein und Mosel. Schwerpunkt blieb Thüringen. Standartwerke dabei waren bald solche Bücher wie „Durchs Saaletal", „Durchs Unstruttal", „Durchs Werratal" und „Durch's Moselthal". Es entstanden allein über 30 Publikationen über den Thüringer Wald, besonders den Rennsteig.

Als August Trinius 1919 in Waltershausen starb, war er wohl einer der bekanntesten Reiseschriftsteller Deutschlands. 1921 wurde anläßlich der Gründung des „Bundes der Thüringer Berg-, Burg- und Waldgemeinden" ein Grabdenkmal enthüllt, welches heute noch besucht werden kann. Jener Verein wurde 2001 mit einer Feierstunde am Grab von Trinius aus Anlaß von dessen 150. Geburtstag wiedergegründet. Im gleichen Jahr erschien, herausgegeben vom Waltershäuser Geschichtsverein, eine bibliographische Arbeit von Thomas Klein, welches heute als Standartwerk der Triniusforschung gilt.

(Harald Rockstuhl)